Mokkori Tokyo

街中のふくらみを愉しむ

東京もっこり散歩

いからしひろき［文］ 芳澤ルミ子［写真］

自由国民社

はじめに

もしあなたが地球に住んでいる人間ならば、一軒家なのかマンションなのかアパートなのか、さらには2階建てかタワーマンションか、掘っ立て小屋か野宿かといった違いはあるにせよ、基本的にはどこかの土地の上に暮らしている、と言って間違いないだろう。

そこが山の上であれ、坂の途中であれ、谷の底であれ、家を建てるには一定面積の平らな場所が必要だ。凸凹だったり斜めになっていたりしたら、なかなか建てるのが大変だからである。

特に東京においては慢性的に土地が不足しているから、隙あらば平らにされる。建て

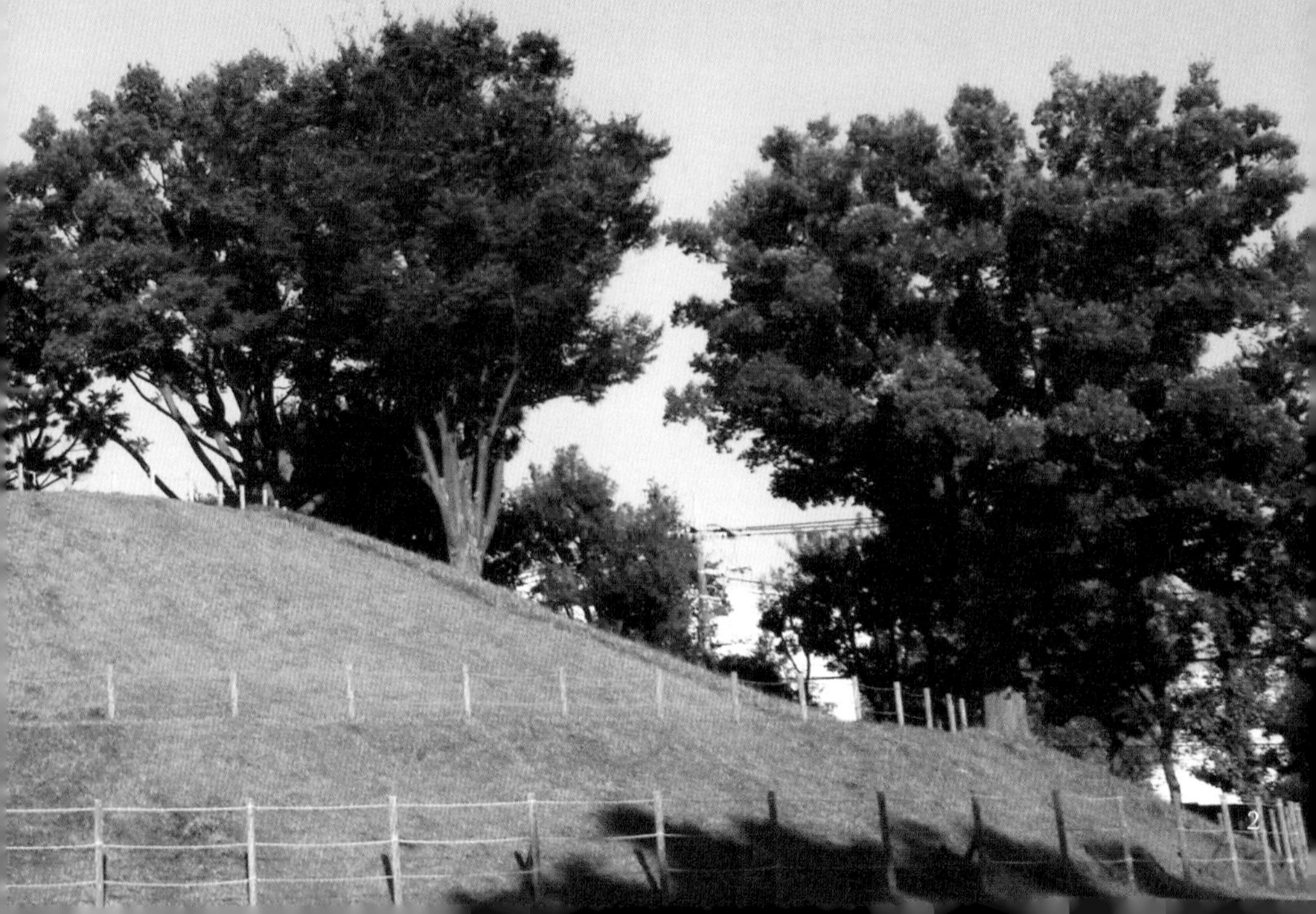

る物がなくても平らにして駐車場にされる。東京では〝平ら〟ということが基本なのだ。

しかしたまにみかける「もっこり」とした土地。

丘というには小さいが、盛り土というには大きい。

自然にできたものなのか、はたまた人工物なのか。

一見しただけではわからないが、この東京において平らじゃないということは、なにか意味があるのでは？

一度キニナルと、もう目が離せなくなる。他にはないかと探したくなる。

そんな街なかの「もっこり」を、探し歩いてご紹介するのが、この本なのだ。

結果的に古墳、築山、富士塚が中心となったが、その筋の専門書ではないので、あしからず。ちゃんとしたことを知りたければ、しかるべき専門書を当たってほしい。
なぜなら、この本の役割は、忙しい日常では見逃されがちな「もっこり」に、多くの人に気づいてもらうことだから。さあ、「もっこり」を探しに町へ出よう。

本書での「もっこり」の定義

・平地にぽつんと存在する隆起状の土地あるいは物体である。
・大きさは問わないが、対峙した時に視野におさまる程度のものである。
・自然物か人工物かは問わないが、人の手や機械により容易に移動できるものは除く。

本書おすすめの「もっこり」の楽しみ方

1、最寄り駅等から歩きつつ、その町の雰囲気を感じる。
2、「もっこり」を発見したら、その出会いを素直に喜ぶ。
3、説明板などで「もっこり」について学ぶ。
4、登れたら登り、頂上からの景色を楽しむ。

目次

【古墳系】

【お山系】

【富士塚】

古墳系

大阪の百舌鳥・古市古墳群が世界遺産になって話題だが、実は東京にも古墳があるのだ。古墳とはつまり大昔の偉い人のお墓。それが街なかに今も残ってるって、けっこうすごくない？

東京で古墳があるのは大きく分けて次のエリアだ。山手線の日暮里駅から品川駅までの「武蔵野台地東端」、足立区や葛飾区を中心とする「東京低地」、大田区と世田谷区にまたがる「多摩川下流左岸」、狛江、調布、府中、国立、昭島などに広がる「多摩川中流域左岸」、多摩、日野、八王子、あきる野の「多摩川中流域右岸」の5つである。

上野 摺鉢山古墳

実は古墳だった、上野のお山の生き残りもっこり

かつては古墳の宝庫

上野のお山とよく言うが、単独峰ではなく、山手線に沿って鶯谷、日暮里へと連なる連峰の一つである。地理学っぽく言えば、武蔵野台地の末端の舌状台地。今より海抜が高かった古代は海を見渡す岬で、そういう場所に人々は住んでいた。

なので、実は上野は古墳の宝庫。東京都文化会館敷地内には「桜雲台古墳」、上野動物園近くには「蛇塚古墳」、東京国立博物館には「表慶館古墳」等。しかしそれらは施設建設のため、取り潰されてしまった。今あるのは、正岡子規記念球場脇の「摺鉢山」ただ一つである。

5世紀後半に築造された前

方後円墳で、世界文化遺産に登録された大阪の「大山古墳」と同じ形だ。

そんな摺鉢山には、誰もが自由に登ることができる。

高さは5メートルほど。墳頂は削られ、かなり大きな広場になっている。江戸時代の初めには、この場所に清水観音堂があったそう。

ほんの数メートル標高が上がっただけで、別世界のような静けさだ。眼下の道にはインバウンドや修学旅行生が大勢歩いているが、雲の下の出来事のようである。

もっこりには木々が植えられており、初夏は緑、秋は赤が目に鮮やかだ。今回訪れたのは秋だが、紅葉がぐるり取り囲んで、まるで360度シアターであった。

場所　東京都台東区上野公園5丁目
かたち　前方後円墳
大きさ　高さ5m、前方部幅最大23m、後円部直径43m
概要　5世紀後半に築造された前方後円墳。多数あった古墳群の貴重な生き残り
交通アクセス　JR上野駅公園口から徒歩4分

解説

上野のお山こと上野恩賜公園は、明治6年の太政官布達で芝、浅草、深川、飛鳥山とともに指定された日本初の「公園」だ。大正13年に東京市に下賜されたため、〝恩賜〟の2文字を冠する。

江戸時代まで寛永寺の境内だったが、当時から桜の名所として知られた。さらには京都の清水寺（清水観音堂）や琵琶湖（不忍池）を模したつくりは、今で言うジオラマパーク。江戸庶民の人気を博した。

しかし、慶応4（1868）年に新政府軍と彰義隊が戦った上野戦争で一帯は焼け野原に。その後、病院を建てる案も持ち上がったが、オランダの軍医ボードワン博士が公園

化を強く提唱。その功績をたたえる胸像が、噴水広場脇の林の中にひっそりとある。

公園になってからは、内国博覧会(明治10年)が開催されたり、動物園が開業する（同15年）など、東京随一の庶民の遊興地として今に至る上野公園。戦中には動物園の猛獣が殺処分されたり、戦災で死んだ市民の仮埋葬所になるなど哀しい歴史もある。

そんな上野公園で、最古参と言えるのがこの摺鉢山。日本の近現代史を静かに見守って来たのだ。

そう考えると、単なる小山とは違う、有り難みを感じるのは筆者だけだろうか？

芝丸山古墳

都内最大級の前方後円墳。ビリビリくる電波系もっこり

古墳は動かないタイムマシン

　都営三田線「芝公園」駅の4番出口を出ると、そこはすでに芝公園の入り口。整備された散策路を歩いて〝現場〟へ向かう途中には、明治時代から続く梅園がある。

　季節になれば白や薄紅色に咲いた小粒な花が美しかろう。園内のベンチでは背広を着た30代くらいの男性が、缶コーヒー片手にまったりしている。

　そんなのどかな公園に、このもっこりはある。

　そこだけ樹木が鬱蒼とし、なんとなく霊的なオーラが漂っている。別に霊感は無いが、それでもここはビリビリ感じるものがある。

　頂上への石階段も相当年季

場所　東京都港区芝公園4丁目
かたち　前方後円墳（大古墳の周囲に11基の小円墳）
大きさ　高さ推定8ｍ、前方部幅40ｍ・くびれ部幅22ｍ、後円部経64ｍ、全長125ｍ
概要　6～7世紀後期の古墳で東京最大級。墳頂広場に伊能忠敬の記念碑がある
交通アクセス　都営三田線「芝公園」駅から徒歩4分

が入っており、まるで古い寺のようだ。半分ほど登ると一つ目の広場に出た。

片隅にお稲荷さんがある。「丸山随身稲荷大明神」とのぼりに書いてある。説明板によれば、増上寺建立時からあるという。

さらに階段を登ると頂上に出た。そこも広場になっている。手前が狭く、奥は広い。なるほど、前方後円墳ってことね。

さらに歩いて、奥の広場に向かった。突き当りに四角い石碑がある。表面には日本地図が掘られている。日本初の地図を作った伊能忠敬の記念碑だ。伊能の住居は深川で、富岡八幡宮には銅像もあるが、芝とどんな関係があるのだろう。不学なので分からない。

記念碑の裏手から、東京タワーが見えた。

土台からてっぺんのアンテナまで丸見え。ビルの多い東京ではけっこう珍しい。きっとこの古墳と東京タワーの間が谷になっていて、間を遮るものがないからだ。

ということは、かつては眼前に海が広がっていたのかも。古代は今より海面が高く、東京のほとんどが海の底だったといわれている。

晴れた日は、海をのぞむこの見晴らしのいい場所で、ピクニックでもしたのだろうか。墓参りついでに。

古墳は今と昔をつなぐタイムマシン。それが東京のあちこちにあるのだから、楽しくなってくる。

解説

東京の昭和のシンボル「東京タワー」と、徳川家の菩提寺、つまり江戸時代のランドマーク「増上寺」。それぞれに近い場所にある「芝丸山古墳」は、ある意味、東京を象徴するもっこりだ。

古くからこの地に古墳があることは、専門家や地元住民の間では知られていたらしい。1897（明治30）年に、考古学者の坪井正五郎率いる東京帝国大学調査チームが発掘して、初めて正式に前方後円墳であることが認められた。さらに周辺には11基の小円墳があることもわかった。メインの前方後円墳は、後円部が直径64メートル、前方部が幅40メートル、全長125メートルと東京最大級。年代

は6世紀から7世紀の後期古墳とされている。

都会の中心にありながら、木々が鬱蒼とした静謐なる小山で、鎮守の森を思わせる。前方部の登り口東南には「丸山貝塚」、墳頂へと続く階段の手前には「丸山稲荷」がある。

墳上は平らになっており、これは江戸時代に削られたものだという。坪井の調査時にはすでに広場になっており、茶店もあったというから、観光名所のように使われていたのだろう。

広場の奥からは東京タワーが一望できる。昔も今も庶民の憩いの場所だ。

三田 亀塚古墳

非公式ながら、見応え充分の古墳もっこり

月の岬に鎮座する土地の守り神

場所はJR山手線「田町駅」と「高輪ゲートウェイ駅」の間くらい。第一京浜に沿った丘は「三田台地」と呼ばれ、貝塚や古墳が多く発掘されている。すぐ近くの「三田台公園」には、縄文・古墳時代の竪穴式住居の原寸大レプリカや、貝塚の見本が展示されていて、古代への妄想をかきたてる。

もっこりは、三田台公園の隣の「亀塚公園」の、亀をモチーフにした遊具が点在する遊び場の奥にひっそりと佇んでいた。その名は「亀塚古墳」。いや、「亀塚古墳（仮）」としておこう。

というのも、古墳時代のころに作られた人工物というこ

とは判っているが、埋葬施設などが見つかっていないいため、正式には古墳と認められていないからだ。
　だが外周を柵で囲まれ、一見して大事にされていることが分かる。登頂用の階段は手すりまで完備。木々もちゃんと刈り込まれている。
　実はこのもっこり、江戸時代から〈亀塚〉と呼ばれる神聖な場所。頂上の広場には「亀塚霊神祠跡」と書かれた碑があるから、かつては神社まであったようだ。
　江戸時代はもっと景色が良かったらしい。海は第一京浜近くまであり、ここは岬だった。実際、「月の岬」と呼ばれ、歌川広重が浮世絵に描いたほどの名所だった。

場所　東京都港区三田4丁目
かたち　円墳（正式には古墳と認定されていない）
大きさ　高さ推定5ｍ、ほか不明
概要　作られたのはかなり古い。見応え&登り応えは十分
交通アクセス　東京メトロ南北線・都営三田線「白金高輪」駅から徒歩12分

もしこれが古墳だとしたら、やはり景色の良さでこの場所を選んだのだろうか。昔は海の向こうはあの世につながっていて、岬はその入り口だと考えられていたそうだ。

　夜、海の上にぽつんと浮かぶ月。その光に照らされて、古代の人々が優雅に踊っている。そんなことを想像するだけでも楽しい。

解説

「三田」は港区内で最も古い地名といわれる。古い文献には「御田」とあり、それは伊勢神宮へ奉納する田んぼのことだそう。

　そんな由緒正しき三田の地の、さらに古代から栄えた街道沿いに、このもっこりはある。崖の下は第一京浜。明治

頃まで海との境だった。

現在の「亀塚公園」は、もともと隣の三田台公園と一緒の土地で、江戸時代は上野沼田藩土岐家の下屋敷、明治維新後は皇族華頂宮の邸宅だった。もっこりは江戸時代から存在し、「亀塚」と名づけられて崇められていた。

明治時代には考古学者の坪井五郎（また出た！ 芝丸山古墳も発掘調査）が古墳ではないかと指摘したが、なぜか調査はされなかった。

そして時は下って昭和45年。地元の慶應義塾大学がようやく調査をしたところ、古墳時代以後に築造された人工物であると判明。しかし埋葬施設などが確認できなかったため、正式には古墳と認定されなかった。

王子 飛鳥山古墳

子どもたちの声が響き渡るアットホームなもっこり

もっこりには神と人が集まる

休日ともなれば大勢の子どもたちでにぎわう、飛鳥山公園。児童エリアの近くの雑木林の中に、このもっこり「飛鳥山1号墳」はある。

園内のあちこちに、それっぽいもっこりがあるから、「コレ？ それともアレ？」と迷いがちだが、このもっきりだけ周囲をぐるり取り囲むように階段と案内板がある。そして案内板にはこう書かれている。

〈古墳時代後期の直径31ｍの円墳。平成元年の調査で周囲には幅3・8ｍの周溝が廻ることが確認された。（中略）石室内からは太刀や刀子の破片、鉄鏃・耳環・管玉・切子玉・ガラス小玉が出没している。（中略）公園内では他に

も古墳の周溝が確認されており、古墳群が形成されていたようである。〉

古墳群という以上、他にもあるはずだ。このもっこりは1号墳だから、2号、3号もどこかにあるだろうと探してみたが、結局見つからなかった。もしかしたら来る途中に「コレ？ それともアレ？」と迷ったもっこりがそうだったのかも？ いや、別に古墳でなくたって構わない。あ、このもっこりなんか感じがいい、と思えばそれでいい。むやみに深掘りしないのが、もっこりを楽しむコツだ。

直径31メートルはかなり大きい。だけど高さは2メートルもない。いわゆる低山だ。しかしその分裾野がダラダラ長い。だから登ってみると、

場所　東京都北区西ケ原2丁目
かたち　円墳
大きさ　高さ推定2m、直径31m
概要　古墳時代後期の築造。石室も確認されたが発掘調査時には壊されていた
交通アクセス　JR・東京メトロ南北線「王子」駅から徒歩4分

意外と達成感がある。
　頂上から雑木林越しに見えるのは、大きなお城の滑り台と、楽しそうに遊ぶ子どもたち。東京は平和だ。そう感じさせてくれる、アットホームなもっこりである。

解説
　飛鳥山の歴史は、この辺りを支配していた豪族の豊島氏が、元亨年間（１３２１〜24年）に紀州新宮から飛鳥の社を勧請して山頂に祀ったのが始まりとされる。江戸時代元文年間（１７３６〜41年）には、元紀州藩主の八代将軍吉宗が、紀州と縁のある飛鳥山に桜の苗木１２７０株を移植したことで桜の名所になった。仮装や寸劇の上演も許されていたというから、相当に

賑わったことだろう。

明治時代以降も人が集まるスポットとして栄えた。1873（明治6）年には、上野公園などとともに日本初の「公園」として整備。渋沢栄一が邸宅をかまえた場所としても有名だ。飛鳥山1号墳は、そんな渋沢邸の庭園だった場所の一角にある。

1号墳とあるのだから、2号墳、3号墳もあるはずと探してみたが見つからなかった。調査では公園内に6基以上の円墳の跡が確認されているという。

古墳の他にも、弥生時代中期の集落跡が見つかっているという。今も昔も陽の当たる場所には多くの人が集まるようだ。

田園調布 亀甲山古墳 多摩川台古墳群 宝莱山古墳

ここももっこり、そこももっこり……もっこりの宝石箱や〜

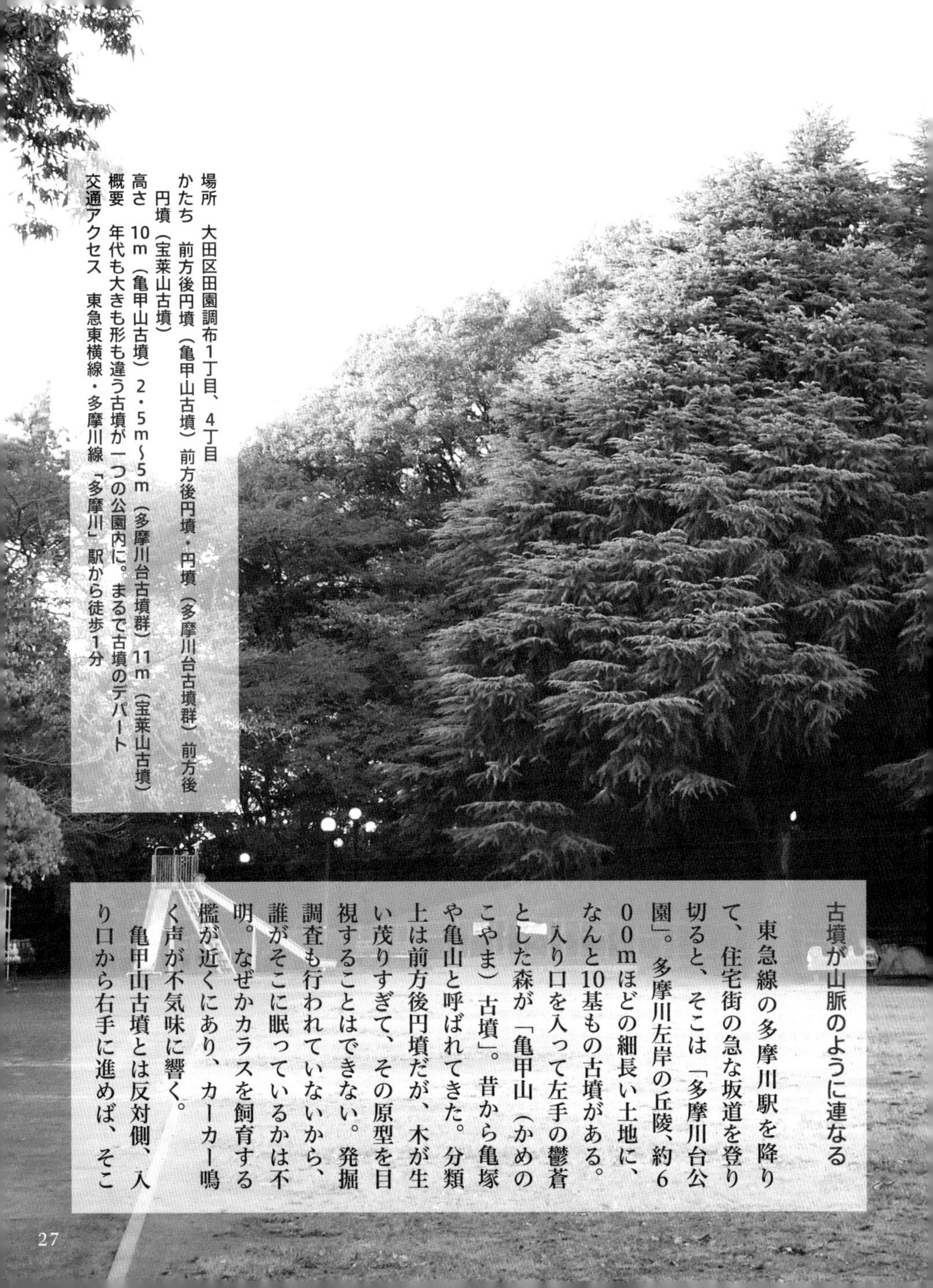

古墳が山脈のように連なる

東急線の多摩川駅を降りて、住宅街の急な坂道を登り切ると、そこは「多摩川台公園」。多摩川左岸の丘陵、約600mほどの細長い土地に、なんと10基もの古墳がある。

入り口を入って左手の鬱蒼とした森が「亀甲山（かめのこやま）古墳」。昔から亀塚や亀山と呼ばれてきた。分類上は前方後円墳だが、木が生い茂りすぎて、その原型を目視することはできない。発掘調査も行われていないから、誰がそこに眠っているかは不明。なぜかカラスを飼育する檻が近くにあり、カーカー鳴く声が不気味に響く。

亀甲山古墳とは反対側、入り口から右手に進めば、そこ

場所　大田区田園調布1丁目、4丁目
かたち　前方後円墳（亀甲山古墳）前方後円墳・円墳（多摩川台古墳群）前方後円墳（宝莱山古墳）
高さ　10m（亀甲山古墳）2・5m〜5m（多摩川台古墳群）11m（宝莱山古墳）
概要　年代も大きさも形も違う古墳が一つの公園内に。まるで古墳のデパート
交通アクセス　東急東横線・多摩川線「多摩川」駅から徒歩1分

は「多摩川台古墳群」のスタート地点である。1号墳から8号墳まで、小さな円墳が計8つ、山脈のように連なる。それぞれは、標識がなければ気づかないほど小さい。

道路にかかる「虹橋」という連絡橋を渡り、公園の一番奥まで行くと、そこには「宝莱山古墳」がある。高さ11mとけっこう大きい。公園自体が丘なので、標高は50m近くある。頂上からの眺めは立派な山のそれだ。

いまは生い茂る木々が視界を邪魔してしまっているが、出来た頃は多摩川に沈む夕陽が美しく見えただろう。

古墳もっこりは、眺めのいい場所にあることが多い。訪ねれば気分がスキッと晴れること請け合いである。

解説

大田区と世田谷区にまたがる多摩川下流左岸は、かつて武蔵国荏原郡と呼ばれ、そこにある古墳を「荏原台古墳群」という。その中の田園調布エリアの古墳を「田園調布古墳群」というが、そのほとんどは多摩川台公園にある。

公園に入ってすぐの「亀甲山古墳」は荏原台古墳群最大の前方後円墳。発掘調査は行われていないが、そのかたちや、ハニワ、葺石がないことなどから5世紀前半の築で、この地域に勢力のあった首長の墓と推測されている。

同じ公園内にある「多摩川台古墳群」が作られたのは6世紀前半から7世紀中頃にかけて。亀甲山古墳より100年ほど新しい。1号から8号

までであるが、実は最初に作られたのは2号墳。１号墳は2号墳に接続して「前方後円墳」とするため、後から作られた。

公園の一番奥にある「宝莱山古墳」は発掘調査されている。宅地造成で切り崩された断面から、棺が見えたので慌てて調査したというのが理由だ。４世紀前半の築と、都内に現存する古墳では最古。

［各古墳の高さ以外の大きさ］

亀甲山古墳　前方部幅49・5m、後円部径66m、全長107・25m

多摩川台古墳群（1・2号墳）前方部幅17m、後円部径19・5m、全長39m（3～8号墳）直径13m～19・5m

宝莱山古墳　前方部幅36m、後円部径52m、全長97m

等々力 野毛大塚古墳

圧倒的な存在感。登れるもっこりは見晴らし抜群

当時の姿を再現したレプリカ

最寄り駅は東急大井町線の「等々力」駅。改札を出て商店街を1分も歩くと「等々力渓谷」の入り口に辿り着く。

川に架かる赤い橋は「ゴルフ橋」といい、目的地である「野毛町公園」に昭和の始めにあったゴルフ場に由来する。

橋の脇の石階段を降りると、そこは別世界。ジャングルのように生い茂る緑、むき出しの崖……黒い筋は粘土層で、少し灰色がかった茶褐色の土は、教科書でもおなじみの関東ローム層だ。

川沿いの遊歩道を里山散策気分で歩いていると、やがて右手に長い石段が見えてくる。そこを登り、目の前の道路を渡れば、そこが「野毛町

公園」。その広場の中央に、『野毛大塚古墳』がある。

遠目から見る野毛大塚古墳は本当に大きくて美しい。5世紀の初めに作られた〈帆立貝式古墳〉で、丸い墓の下部に四角い入り口のようなものがある、文字通り帆立貝のような形だ。

しかしそれは下からでは分からない。少し離れた場所に、詳しい案内板があるので、それをぜひご参照あれ。

ただしこの古墳、すべてレプリカである。きれいに整っていて、あるがままに朽ちた〝侘び寂び〟はないが、全貌がはっきりわかり、しかも頂上に登れるのは有り難い。

墳頂の広場には、墳中に納められている4つ棺の位置関係や埋葬物が、等身大のイラ

場所　東京都世田谷区野毛1丁目
かたち　帆立貝式前方後円墳
大きさ　高さ10m、全長82m 前方部幅28m 後円部径68m
概要　5世紀前半に作られた全国でも最大級の帆立貝の形をした前方後円墳
交通アクセス　東急大井町線「等々力」駅から徒歩9分

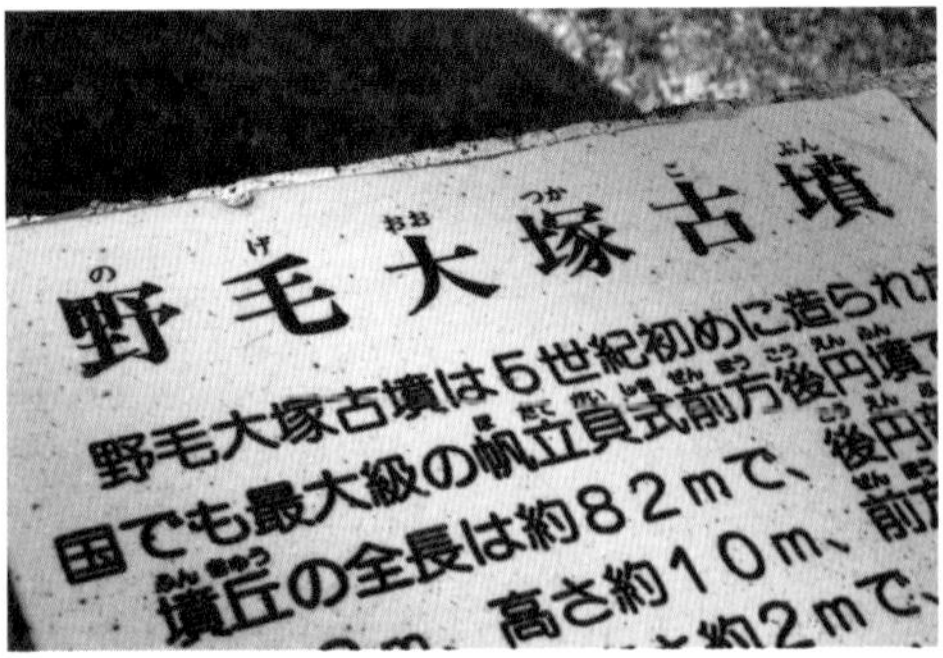

ストで描かれている。非常にわかりやすい説明だ。

ちなみに墳頂は隣の野球場を眺めるのに絶好の場所である。この時も少年野球のコーチか父親らしい中年男性が、試合を見ながら熱心にスコアブックをつけていた。

解説

「野毛大塚古墳」は全長82メートル、後円部の高さ10メートルの帆立貝式前方後円墳だ。一般的な前方後円墳と比べ、後円部からの造り出し部分が小さく幅広で薄べったいのが特徴。模型を見るとまさに帆立貝、あるいは鍵穴のようにも見える。

この野毛大塚古墳は、墳丘の周囲に馬蹄形の周濠が掘られていて、それを含めた全長

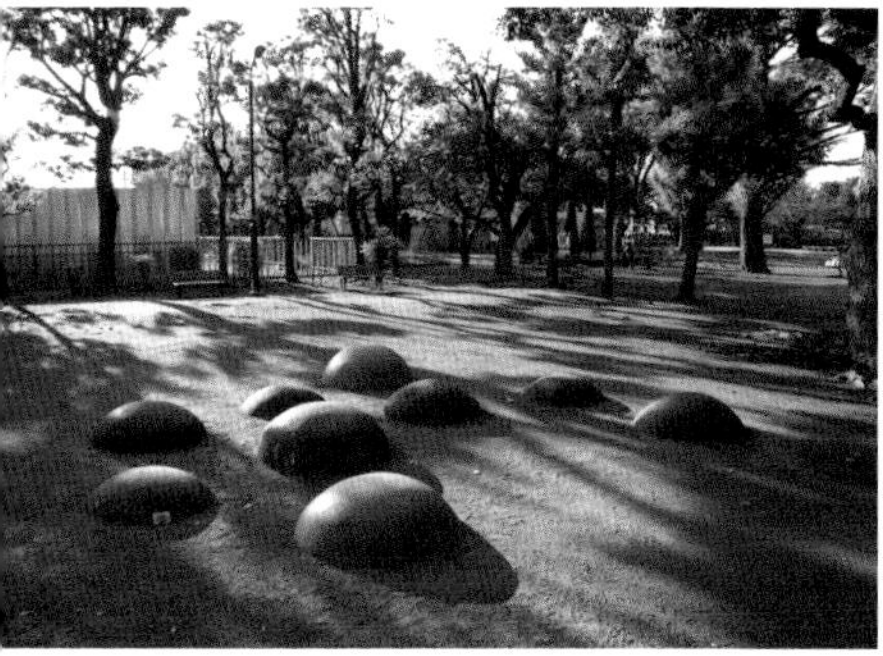

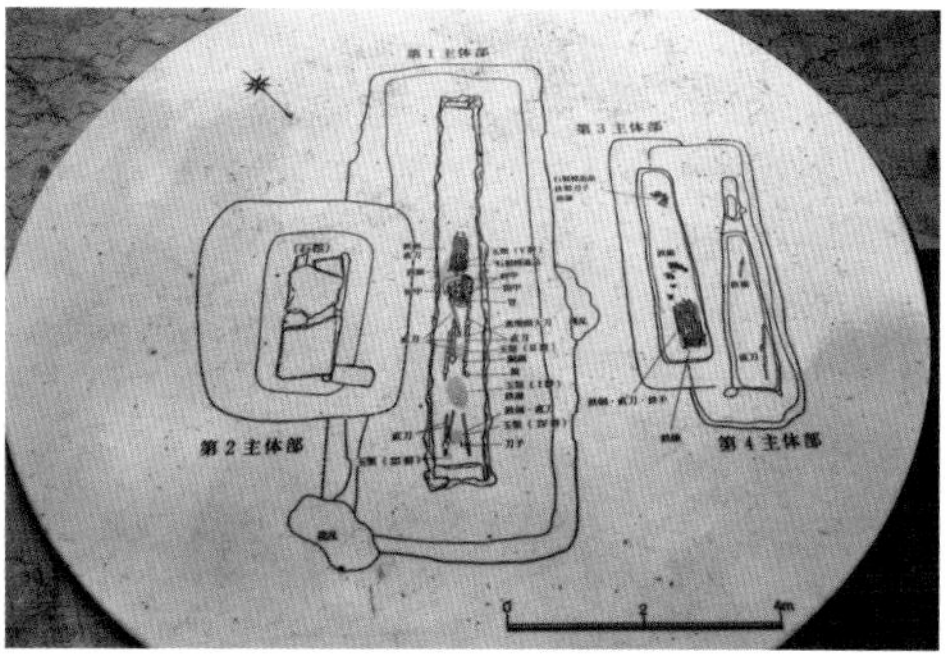

は104メートルにもなる。三段に構築された墳丘は、その大きさも含め圧巻だ。

後円部頂上に4つの埋葬施設があり、中央には粘土に包まれた〈割竹形木棺〉、南東側には〈箱式石棺〉、北西側には2つの〈箱形木棺〉が収められている。その位置関係や内容物は、墳頂の広場に等身大のイラストで描かれている。

歴史的には、5世紀前半に造られた古墳で、出土した多量の武器・武具類、石製模造品から南武蔵の有力な首長の墓と見られている。

一時期はゴルフコースに組み込まれ、戦時中は食料供給のための田畑になるなど周囲の環境は目まぐるしく変わったが、古墳はその場所にあり続けている。

狛江亀塚古墳

住宅街にひっそりとたたずむミニもっこり

辛うじて生きながらえた古墳

古墳もっこりは公園に限らず、住宅街の中にもある。そう、アナタの隣にも、もっこりはあるかもしれないのだ。

場所は狛江駅から徒歩6分、狛江第三中学校近くの住宅街の中だ。コンクリート外壁に〈亀塚古墳↓〉の案内板がある。いつ取り付けられたのか「↓」が風化してよく見えない。

人がひとり通れるくらいの細い路地を進むと、見えてくるのが小さな石の階段。さらに近づくと、ちょうど家一軒くらい立ちそうな広さの空き地に、そのもっこりは静かに佇んでいた。

階段はもっこりの側面に作

場所　東京都狛江市元和泉1丁目
かたち　帆立貝式前方後円墳（現在は前方部の一部のみ）
大きさ　高さ2m（後円部）、直径10m
概要　住宅街の中にある小さな古墳。かつては取り壊しの危機に瀕したことも
交通アクセス　小田急小田原線「狛江」駅から徒歩6分

られており、それを登った頂上の広間に、立派な石碑と案内板があった。石碑は縦1メートル半くらい。もっこりの小ささに不釣り合いの大きさ。味のある字体で〈狛江亀塚〉と彫られてある。

　案内板によれば、もともと全長40メートルもある帆立貝式前方後円墳だという。ところが戦後の田畑造営で、「後円」部分が取り壊されてしまった。

　だからいま残っているのは「前方」の一部だけ。前方だから本来は四角だが、残土を被せているので丸い小山にしか見えないのが切ない。

解説

　亀塚古墳がある東京都狛江市の南部には、「狛江百塚」と

呼ばれる狛江古墳群がある。百塚というが実際は70基余り。それでも南武蔵では屈指の数だ。

中でも江戸時代から「大塚」と呼ばれてきたこの『亀塚古墳』は、本来は全長40メートルと狛江古墳群で最大級の規模を誇ったが、戦後の宅地造成で後円部が取り壊されてしまった。

しかし昭和26年、見るに見かねた地元民が市に保存調査を訴え、かろうじて前方部の一部のみが残ったという経緯がある。

その時の調査によると、古墳の周囲には周溝があり、墳丘には円筒埴輪、前方部には人物や馬をかたどった形象埴輪が置かれていたという。つくられたのは5世紀末～6世

紀初頭らしい。
　埋葬施設は後円部から2基、前方部から1基が発見され、副葬品も多数見つかったという。そのうち、中国後漢時代の「銅鏡」は、同じ物が大阪の古墳から2つ見つかっていることから、この古墳の主が当時の畿内王権とパイプがあったことを示す貴重な証拠とされている。また、馬具の模様から高句麗との関係も推察されている。史料としても高い価値があるのだ。
　小さな古墳とはアンバランスに石碑が大きいのは、当初はもっと大規模に保存されるはずが、結局宅地開発業者に大部分を取り壊されてしまったせいだという。

府中 武蔵野府中
熊野神社古墳

完璧に再現！その姿はまるで…

石室の中へも入れる

保存と再現のジレンマは、史跡には常につきまとう問題だが、ここまで再現されてしまうと、参りました！とひれ伏すしかない。

最寄り駅は京王線の西府駅。甲州街道沿いの熊野神社の境内にある。通りからは見えにくいが、鳥居をくぐって社殿に近づくと、背後にそびえる巨大な石造りの物体に気づくだろう。そう、建築物ではなく物体と呼ぶに相応しい。まるでSF映画に出てくる宇宙船。昔の物なのに未来を想わせるのが面白い。

木造建築がほとんどだった時代に、これが目の前に現れたらさぞかし度肝を抜かれただろう。文献によれば、古墳

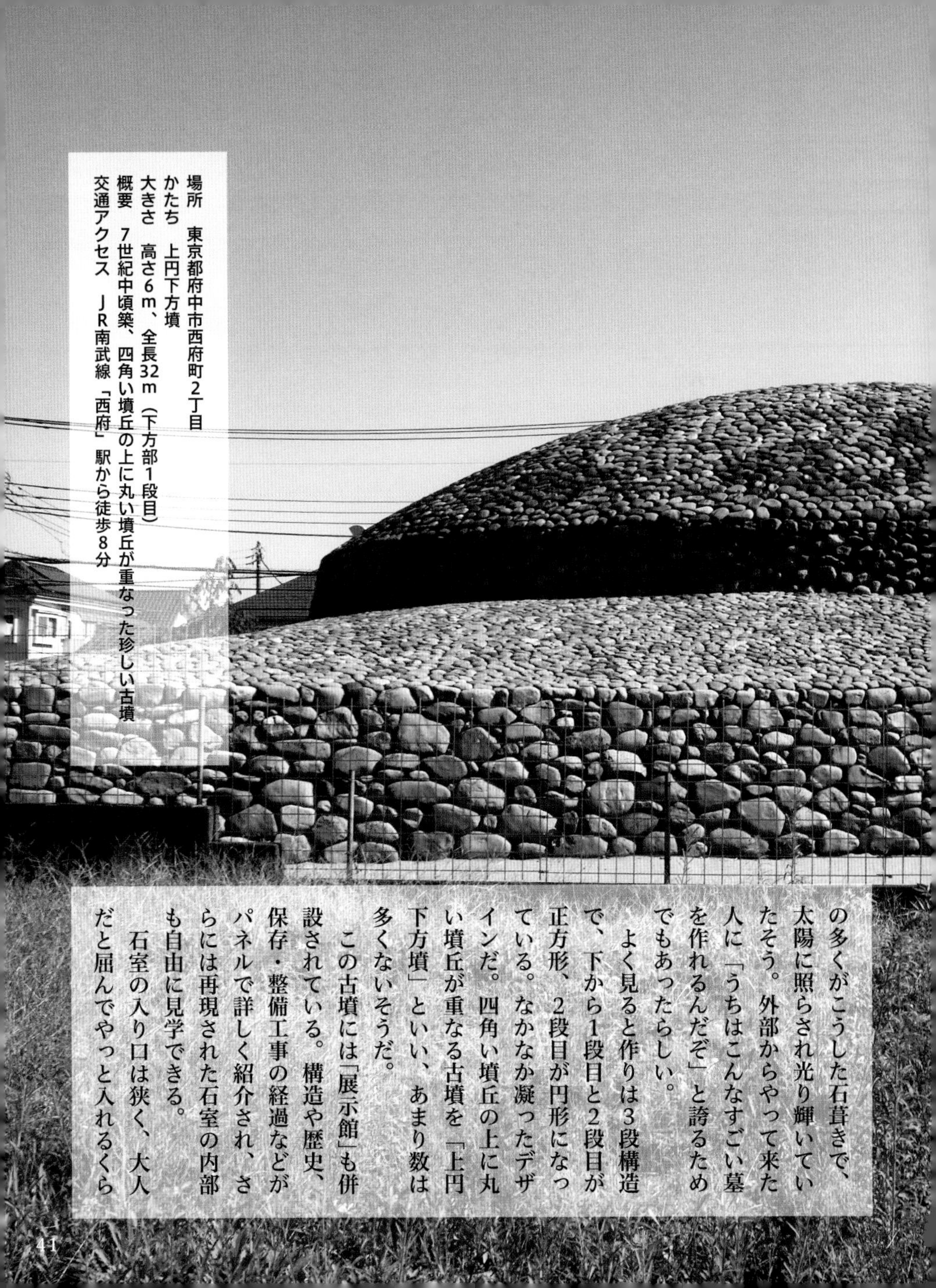

場所　東京都府中市西府町2丁目
かたち　上円下方墳
大きさ　高さ6m、全長32m（下方部1段目）
概要　7世紀中頃築、四角い墳丘の上に丸い墳丘が重なった珍しい古墳
交通アクセス　JR南武線「西府」駅から徒歩8分

の多くがこうした石葺きで、太陽に照らされ光り輝いていたそう。外部からやって来た人に「うちはこんなすごい墓を作れるんだぞ」と誇るためでもあったらしい。

よく見ると作りは3段構造で、下から1段目と2段目が正方形、3段目が円形になっている。なかなか凝ったデザインだ。四角い墳丘の上に丸い墳丘が重なる古墳を「上円下方墳」といい、あまり数は多くないそうだ。

この古墳には「展示館」も併設されている。構造や歴史、保存・整備工事の経過などがパネルで詳しく紹介され、さらには再現された石室の内部も自由に見学できる。

石室の入り口は狭く、大人だと屈んでやっと入れるくら

い。しかし中は思いのほか広く、奥に進むにつれて天井が高くなる。意外と古墳は居心地がいいのだ。

解説

　飛鳥時代の7世紀中頃につくられた古墳で、四角い墳丘の上に丸い墳丘が重なった形は「上円下方墳」と呼ばれる。非常に珍しいスタイルで、他には全国に5つだけ。この「武蔵府中熊野神社古墳」は最大かつ最古。ちなみに古墳ではないが、明治天皇、大正天皇、昭和天皇の墳墓もこの形だそう。

　地元では長らくただの大きな盛り土だと思われていた。しかし平成2年、神輿の収納庫をこの場所に作ろうとしたところ、調査で大変貴重な古

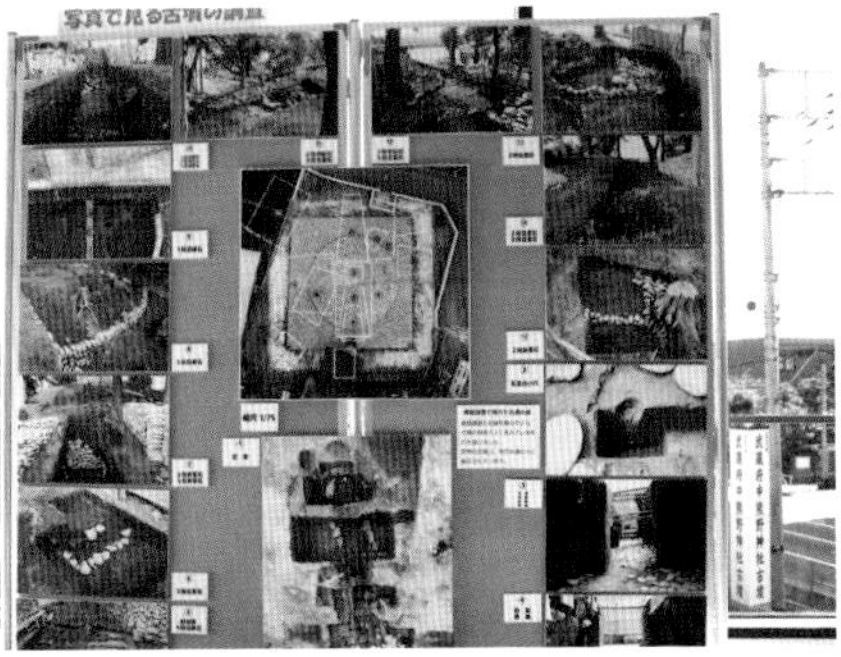

墳であることが判明。平成17年には国の史跡に指定され、平成19年に保存・整備工事が始まった。そして平成21年に工事終了。平成23年には展示館もオープンする。

　大きさだけでなく、形にも注目だ。例えば1辺の長さ。1段目は32mだが、これは上円部（直径16m）の2倍。2段目は23m。これは上円部がすっぽり収まる正方形の対角線とほぼ同じ。さらに古墳の中心はちょうど玄室の真上に来るように出来ている。石室の入り口はほぼ真南。何らかの意図で、相当緻密に計算されて作られた建造物だということがわかる。

　さらに詳しいことは、同じ敷地内にある「展示館」で。古墳入門には最適の場所だ。

府中 高倉塚古墳

住宅が取り囲む、NO平らなもっこり公園

住宅街にたたずむもっこり

最初に見たときは本当に目を疑った。

住宅街に突然現れたその公園は、平らな地面がほとんどなく、全体がもっこりと隆起している。

そしてこれが実は古墳であると知り、二度びっくり。

周りは360度一軒家。2階の窓から古墳を見下ろしている。言うなれば古墳ビュー物件だ。

それにしても見た目が古墳らしくない。階段も妙に小ぎれいなコンクリート製だし、頂上の木々はいかにも取って付けた感じがする。

極めつけは、入り口の立て札だ。

場所　東京都府中市分梅町1丁目

かたち　円錐

大きさ　高さ約2・5m、直径約20m

概要　6世紀～7世紀築、高倉古墳群の中心的存在。周囲を住宅が取り囲む

交通アクセス　ＪＲ南武線、京王線分倍河原駅から徒歩5分

〈芝すべりは禁止です〉

すべりたくなるよ。こんな立派な斜面と芝があれば。

どう見てもフツーの公園。いや、こんな平らな部分が極端に少ない不思議な作りの公園はまずないのだけれども、少なくとも古墳には見えない。

何ていうか、全然偉ぶっていないというか。

いるよね、こういう人。飲み屋とかで、ほんとは偉いのに、若い客にイジられても、ニコニコ嬉しそうに飲んでるおじいちゃんとか。

この古墳も、きっと地元の人たちに愛されているんだろうな。

そういう存在に、私もなりたい。

解説

分倍河原の駅からほど近い住宅街の一角にあるこの「高倉塚古墳」は、1989（平成元）年の調査で27基の古墳が確認された「高倉古墳群」の中心的存在だ。

全体が公園になっており、周囲を住宅がぐるりと取り囲む様は、かなりユニークである。

実は古くから「高倉塚」と呼ばれ、地元の信仰の対象だった。平成13年10月には、墳丘と周溝（しゅうこう）が残る貴重な古墳として、府中市の史跡に指定されている。

出土品もたいそう立派かと思いきや、土師器杯くらいしか出なかったそう。しかし、古墳群の他の古墳から銀象眼（ぎんぞうがん）の大刀（た

ち）など、貴重な史料が出土している。

実はその多くが地中に埋まっていて、調査は地中レーダーなどで行われたという高倉古墳群。

しかし、この高倉古墳以外にも「天王塚古墳」「首塚古墳」「20号墳」などが地表に現存している。

それぞれあまり目立たないが、いずれも味わい深いもっこり。宝探し気分で歩いてみてはいかが。

日野七ッ塚古墳

思わず童心に戻れるもっこり遊園地

幸せを感じる時間と空間

不朽の名作「ゴッドファーザー」。この映画にマーロン・ブランド演じる〝ドン〟ことヴィトー・コルレオーネが最期を迎えるシーンがある。

老いたヴィトーは隠居し、明るい陽射しの指す農園で孫のアンソニーと戯れている。すると突然、心臓発作で倒れてしまう。わずか一瞬のこと。うめき声ひとつ上げず、仰向けに倒れたきりピクリともしない。しかし小さなアンソニーはお構いなしに、横たわる祖父に水鉄砲の水をかけようとする……。

一見無情にも思えるが、それまで多くの人間を殺めてきたマフィアのボスにしては、ハッピーエンドだろう。

この七ツ塚古墳群を初めて見たとき、ふっとそのシーンが頭の中に浮かんだ。きれいに整備された公園は、大きさも形もまばらなもっこりがあちこちに点在。その高低差を利用して、滑り台やターザンロープなどの遊具が設置されている。

そこで保育園の児童だろうか、子どもが楽しそうに遊んでいる。まるで祖父の屍の上で遊ぶアンソニー。そんな夢想を誘う長閑な昼下がり。

私もそれらの遊具で遊んでみた。何だか色んなことが許されたような気がした。

これぞ古墳と前面に打ち出すのもいいが、こんなふうにさりげなく、地元の人たちに親しんでもらうのもいい。

まさに幸せのもっこりだ。

場所　東京都日野市新町5
かたち　円墳
大きさ　高さ3m、直径15m（1号墳）
概要　6～7世紀築とされる。調査によると8基の古墳が確認されている
交通アクセス　JR中央線「日野」駅からバスで5分

解説

「七ツ塚古墳群」は、日野台地の北縁、西に多摩川支流の谷地川を望む場所にある。周りは畑と住宅地。すぐそばには日野自動車グラウンドがある。江戸時代は一面野原で、近辺の農民の草刈場だったそうだ。北条氏の居城があった滝山（八王子市）へ通じる街道が走っており、その道沿いに古墳が七つ（あるいはそれ以上）あったことがその名の由来とされている。

古墳と正式に認められたのは明治元年。現在4号墳とされる場所から男女の埴輪が発見された。さらに明治27年に金毘羅宮の祠が祀られている丘（1号墳）が調査されると、横穴式石室から鉄刀が見つかった。昭和29年には現2号墳

を調査。横穴式石室が見つかる。結論として、6~7世紀にこの一帯を治めていた族長の墓と推測された。

現在は公園として整備され、地域住民の憩いの場として活用されている。隣には「七ツ塚ファーマーズセンター」という名の農産物直売所がある。

全体的にほのぼのとした雰囲気が漂っているが、ただ一つ古びた祠が墳頂に立つ1号墳からは霊気のようなものが漂っており、そういえばここは墓だったと思わせる。

ちなみにこの地域一帯の地面の下には、古墳時代よりさらに古い縄文時代の住居跡や集落跡も埋まっているという。古代ロマンファンにとっては聖地と言えよう。

お山系

築山・城址・その他

あの山、この山、なんの山。
登山とまでは言えないけれど、つい登りたくなる東京の〝お山〟の数々。
その存在感は百名山に勝るとも劣らない。

新宿 箱根山

姿かたち、手入れの良さ、完璧な美もっこり

世にも美しい心霊スポット

平成の始めころから、新宿の戸山公園は心霊スポットとして有名だった。戸山公園にあるこの「箱根山」にも、深夜に頂上に登ると、人の泣き声やうめき声が聞こえるという怖い噂がある。まあこの手の話はよくあるわけで、気にしているようではもっこり道は極められない。なので今回はスルー。

で、この箱根山は、江戸時代に東海道最大の難所である箱根山を模して作られた人工の山。とはいえ三角点もある立派な山で、高さ44・6メートルは山の手線内最高峰だ。

階段も整備され、頂上にはベンチを備えた展望台もある。ちょっとした登山気分が

場所　東京都新宿区戸山2丁目
かたち　築山
高さ　44・6m
概要　都立戸山公園内にある、山手線内で最も高い山としても知られる人工の山
交通アクセス　JR山手線「高田馬場」駅から徒歩10分

味わえるのだ。公園のサービスセンターに申し出れば「登山証明書」ももらえる。

　案内板などにちょいちょい「葵の御紋」が飾られているが、これはここ戸山公園一帯がかつて、尾張徳川家の下屋敷だったことにちなむ。回遊式の立派な庭園で、いくつもあった築山のうち唯一残ったのがこの箱根山なのである。

　そんな場所に作られた山だから、まあ美しい。黄金比といいたくなる、均整の取れた斜面の美しさもさることながら、植栽された木々の、四季折々の彩りの見事さよ。

　特に秋は、紅葉が燃えるように色づき、息を飲むほど。

　この美しさを前にしては、心霊話など色あせてしまうだろう。

解説

古くは源頼朝の武将・和田左衛門尉義盛の領地で、和田村と戸山村の境だったことから「和田外山」と呼ばれた。寛文8（1668）年には尾張徳川家の下屋敷となり「戸山荘」と呼ばれるように。元禄年間（1688～1703年）には〈回遊式築山泉水庭〉が完成。約44万8800平方メートルの広大な敷地の中央には大きな泉が掘られ、所々に築山・渓谷・田畑などを配した25の景勝地が作られた。特に小田原宿を模した町並みは、他に類のない絶景として評判を呼んだ。

箱根山は、庭園にいくつもつくられた築山のうち、唯一残ったものである。

正式には「玉円峰」という

が、いつからか誰ともなく「箱根山」と呼ぶようになり、それが定着したそうだ。

明治になると日本政府が没収。明治7年に陸軍戸山学校用地となり、陸軍軍医学校や防疫研究室が設けられた。

細菌戦を研究した731部隊とも関係が深かったため、1989年に跡地で多数の人骨が見つかった際は「731部隊の人体実験の犠牲者か」と大騒ぎになった。

今はその噂話が先行して、心霊スポットとして有名だが、実際訪ねてみると本当に美しい名峰だ。

高さ44・6メートルも、山の手線内の最高峰である。

板橋 毛呂山公園

住宅街と一体化している「半もっこり」公園

登るのはちょっと大変な公園

公園といえばまず平らな広場があり、そこに砂場や遊具、ベンチや水道などが置かれているものである。お山があるとしても片隅にひっそりと、というのが一般的だ。

がしかし、こちらの公園は、それ自体がお山である。麓にスロープ状の入り口があるが、かなりの急斜面。自転車やベビーカーを押して登るのは大変そうだ。もう一つの入り口は階段でほとんど登山道。遊び盛りの子供なら大喜びだろうが、お年寄りや小さい子供にはあまりやさしくない。

それもあってか、周りから隔離された一種の聖域的な雰囲気を醸し出している。人間

場所　東京都板橋区小茂根5丁目
かたち　丘陵
高さ　約10m
概要　板橋区立の公園。全体が小高い丘になっている
交通アクセス　東京メトロ「小竹向原」駅より徒歩14分

というのは不思議なもので、同じ10メートルでも長さ10メートルと高さ10メートルでは心理的距離が全然違う。高さの方が遠くに感じてしまうものだ。

登ってみると頂上は意外と大きい広場になっていて、きれいに手入れされた雑木林や、ちょっとした遊具も置いてある。木々の切れ間からは、隣にある広大な板橋中央公園の杜が見えた。

登ってみて分かったのだが、このもっこりは独立した山ではなく、一端が住宅街と繋がっている。つまり丘陵の斜面だった。

いわば半もっこり。まるで大地がしかけただまし絵のようで、ちょっと楽しい。

解説

この公園の近くには、漢字は違うが同じ読みの「茂呂（モロ）」という遺跡がある。そしてこの辺りの旧町名は「毛呂町」だ。

モロとは何か？ 物の本によると、モロとは山、それも人里に近い山のことを言う。語源的には〈脆（もろ）い〉から来ている。確かに山や谷の斜面はもろくて崩れやすい。そうした場所は危険だからか、神や精霊など畏れるべき対象を表す〈モノ〉から転じた言葉とも言われる。いずれにせよ、モロには神聖な場所という意味がありそうだ。

毛呂という地名は隣の埼玉県にもあり、その名は「毛呂山町」。やはり丘陵地で、町の半分が山の斜面だ。その斜面

を生かしたユズの栽培が昔から盛ん。周辺には古墳も数多く、鎌倉時代から室町時代にかけて「毛呂氏」が活躍するなど由緒もある。

この「毛呂山公園」も小高い丘の斜面にあり、近くの石神井川沿いには古墳や遺跡が発掘されている。埼玉の毛呂山町との関連は分からないが、古くから人々が住み暮らしてきたことは確かだ。

この公園は、一見単独の山に見えるが、台地の斜面である。しかしひときわ目立つ存在で、地域のシンボルとして古くから大切にされてきたことが想像される。宅地ではなく公園になっていることからもそれは明らかだ。

石神井台 石神井城址

悲劇の伝説を持つ中世の城もっこり

自然豊かな公園の中に

都立公園は数あるが、自然の豊かさでは指折りなのがここ「石神井公園」だ。

三宝寺池の周りには木々が鬱蒼とし、池の浮島にもたくさんの水生植物が茂っている。野鳥も多く、それを狙う大きな望遠レンズを構えたカメラマンも大勢いる。

そんな石神井公園の一角にあるもっこりが「石神井城跡」だ。「石神井城」は中世に今の台東区、板橋区、豊島区、北区、荒川区、足立区、練馬区を股にかけて勢力を誇った豊島氏の居城の一つ。練馬区の遊園地「としまえん」も、その一つ「練馬城」の跡だ。

公園の遊歩道から橋を渡ってすぐの所に「石神井城址」

場所　石神井台1丁目
かたち　平城址（土塁・空堀）
高さ　44m
概要　鎌倉時代に作られた豊島氏の城館跡。城中心部の土塁と空堀が現存
交通アクセス　西武池袋線「石神井公園駅」南口下車徒歩15分

の石碑がある。まるで溶岩のような重厚な石垣は当時のものではないだろう。

その脇の木の階段を登ると、あっという間に丘の頂上だ。なだらかで、凹凸のある斜面。「もっこり！」というより、「も〜〜っこり」という感じである。

途中の斜面に史跡の「土塁と空堀」があった。金網の向こうの雑木林の、なんとなくもっこりしているのがそれだという。構造を説明する看板のイラストが今どき手描きで味がある。

豊島氏は室町時代、太田道灌との合戦に敗れ、ここ石神井城も落城している。伝説によるとその時に、城主の娘・照姫が三宝池に身を投げたそうだ。

解説

「石神井城」は、平安時代末期から室町時代中期まで、現在の板橋区や練馬区、北区など、武蔵国北部一帯を治めていた豊島氏の居城の一つだ。

合わせて5つある居城はすべて石神井川に沿って点在しており、上流から「石神井城（現・石神井公園）」「練馬城（現・としまえん）」「板橋城（現・長命寺）」「滝野川城（現・松橋弁天洞窟跡と金剛寺）」「平塚城（現・平塚神社と飛鳥山）」の順である。しかし遺構が残っているのは、この石神井城だけだそう。

三宝寺池の南端にある小高い丘が城址だ。その頂上付近のフェンスで囲まれた一帯が城の中心部分だという。三宝寺池側は崖で、残る三方は堀

と土塁。敵の侵入を防ぐ、天然の要塞だ。
平成10年から6年間に渡った調査で、堀と土塁、内部の一部が残っていることが分かった。
城址は古墳と比べると〝もっこり〟具合こそ弱いが、歴史ロマンは濃い。もっこりを舞台に数々の戦いを繰り広げた武将たちに思いを馳せながら鑑賞したい。
ちなみに、姫だけでなく、城主も馬に乗って身を投げ、その鞍が今も水中に残っているという伝説もある。

浜松町 旧芝離宮 大山

高層ビルを借景にした箱庭もっこり

どの方向から観ても美しい

東京は緑が多い都会だと思う。通りには街路樹や植え込みがあるし、屋上緑地も多い。都心の公園（新宿御苑や代々木公園など）は文字通り都会のオアシスだ。

そして庭園もある。隅田川沿いは「旧安田庭園」や「清澄庭園」など大名屋敷の名園ぞろい。この「旧芝離宮恩賜庭園」も、そのうちの一つだ。

最寄り駅はJR浜松町駅。ただし南口から出ると、庭園の入り口までぐる〜っと外壁を一周しなければならないのでご注意を。出るのは北口、そこから徒歩たったの1分だ。

中に入ると、すぐに広々とした池が目に飛び込んでくる。昔は海とつながり、干潮・

場所　東京都港区海岸1丁目（入園料一般150円）
かたち　築山
高さ　推定9ｍ
概要　江戸時代に作庭された回遊式庭園内の築山。大正13年に一般公開された
交通アクセス　ＪＲ山手線・京浜東北線「浜松町」駅北口より徒歩1分

満潮で水位が変わった。今はその機能は失われたが、風のない日は水面の鏡が周りの高層ビルを映し出し、あたかも逆さ富士のようで美しい。

池沿いに左回りで歩く。巨大な石灯籠はいつの時代のものだろうか。威風堂々とはこのことだ。

水面を覗き込むと大きな鯉が口をパクパク。池の中央には中島と、それをつなぐ古い石橋。そして、その向こうにもっこりしているのが「大山」だ。園内最標高の築山。階段がついていて、登頂することができる。

頂上からは園内を一望できる。かつては江戸湾を行き交う船の帆まで見えたという。しかし今は高層ビルと、せわしなく行き交うモノレールの

姿だけ。しばし想像で、おだやかな白波と風に膨らむ白帆を眺める。

大山から降りて、裏側に回ってもう一度見たら、その美しさにハッとした。斜面のなめらかな曲線。きれいに刈り込まれた芝生。背後のビルが借景となり、それはまるで一枚の浮世絵だった。

解説

徳川4代将軍・家綱から港の埋立地を拝領した老中・大久保加賀守忠朝が、「楽寿園」という名の庭園を完成させたのは貞亨3（1686）年のことだ。典型的な〈回遊式庭園〉で、中心には潮入池が配された。潮入池は潮の干満によって景色が変わるよう工夫された池のことだ。

池の中央には中国杭州の西湖を模した堤や、蓬莱山を表す中島を配すなど、石庭のような中国趣味も取り入れられている。

幕末に紀州徳川家の屋敷となり、有栖川宮家を経て、宮内庁管轄の「芝離宮」となった。園内には外国貴賓をもてなす洋館も立てられたが、大正12年の関東大震災で消失。翌13年に東京市へ下賜され、修復された後、「旧芝離宮庭園」として一般公開され、今に至る。

ぐるりと取り囲む高層ビルやモノレール。海の眺望も潮入の機能も失われているが、十分に趣きがある。来場者の多くは外国人観光客だが、日本人にこそ観てもらいたい日本庭園と大山だ。

汐留 浜離宮 御亭山

波乱万丈を乗り越えた、華麗なるもっこり

まるで別世界。盆栽の如き山

東京には大名庭園が数多く残っているが、ここ浜離宮は、唯一の徳川家別邸の庭園。他とはちょっと格が違う。

中に入ると、そこは別世界。戦後に都に下賜されるまで、歴代の将軍や政府関係者、外国の貴賓、皇室など、限られた特権階級しか観ることができなかった。その荘厳なる美景が目の前に広がる。

庭の中心は、園の南側半分を占める「潮入の池」だ。水門から海水を導き入れる〈潮入り〉手法を取り入れた池で、潮の干満によって水位が変化し、季節や時間によって様々な景色が楽しめる。東京でこの潮入機能を現役で残すのはここだけだ。

場所　東京都中央区浜離宮庭園1丁目（入園料一般300円）
かたち　築山
高さ　推定3m
概要　徳川将軍家唯一の別邸庭園にある人工の山。標高3mだが見晴らしは抜群
交通アクセス　都営大江戸線・ゆりかもめ「汐留」駅より徒歩7分

潮入の池のうち中島がある「大泉水」と、東京湾の水門に通じる「横堀」との間に位置するのが「御亭山（おちんやま）」だ。「御亭（おちん）」とは面白い響きだが、中国語で東屋を意味する。

手入れが行き届いた盆栽のような姿も素晴らしいが、頂上からの眺めも見事。かつては東京湾越しに千葉の房総半島まで見通せたという。

八代将軍吉宗もこよなく愛し、明治維新後は外国人観光客をもてなす場所にもなったこの庭園。皇室の園遊会のルーツは、ここで庭の桜を観る〝観桜会〟だそうだ。

戦後はGHQによって米軍の練兵場にされるなど紆余曲折を経たが、昭和27年に国の特別名勝および特別史跡とな

った。

歴史ある庭園の御亭山は、まさに〝華麗なるもっこり〟である。

解説

浜離宮の歴史は、将軍の鷹狩場を承応3（1654）年に4代将軍家綱の弟・松平綱重が埋め立てて屋敷にしたことに始まる。

後に将軍家の別邸「浜御殿」となり、歴代将軍が舟遊びや鷹狩を楽しんだりする〈将軍家公式の遊び場〉として使われた。特に足を運んだのは6代家宣、8代吉宗、10代家治、11代家斉、12代家慶。中でも11代家斉は歴代ダントツの248回を数える。

明治に入ると皇室の離宮となり、政府はここに近代日本

最初の迎賓施設「延遼館」を建設した。英国皇子エジンバラ公や第18代アメリカ大統領グラント将軍など数多くの外国貴賓をもてなした。明治16（1883）年から大正5（1916）年まで行われた観桜会は、後の園遊会だ。

大正12（1923）年の関東大震災、太平洋戦争の空襲と2度の大災害を経て、昭和20（1945）年、東京都に下賜。翌年、都立庭園として一般開放された。

築山は、「富士見山」や「樋の口山」など大小6つあるが、「御亭山」は大泉水と横堀を両脇に見渡せる場所にある園のシンボルだ。一面を芝生に覆われ、植栽も見事に手入れされたその姿は気品にあふれ、観ていてうっとりするほどだ。

富士塚

江戸時代に大流行した富士山信仰「富士講」。本物の富士山に登ったのと同じ御利益が得られると、各地に作られたのが「富士塚」だ。一つ一つ大きさや形が違って、個性豊かなオブジェのよう。

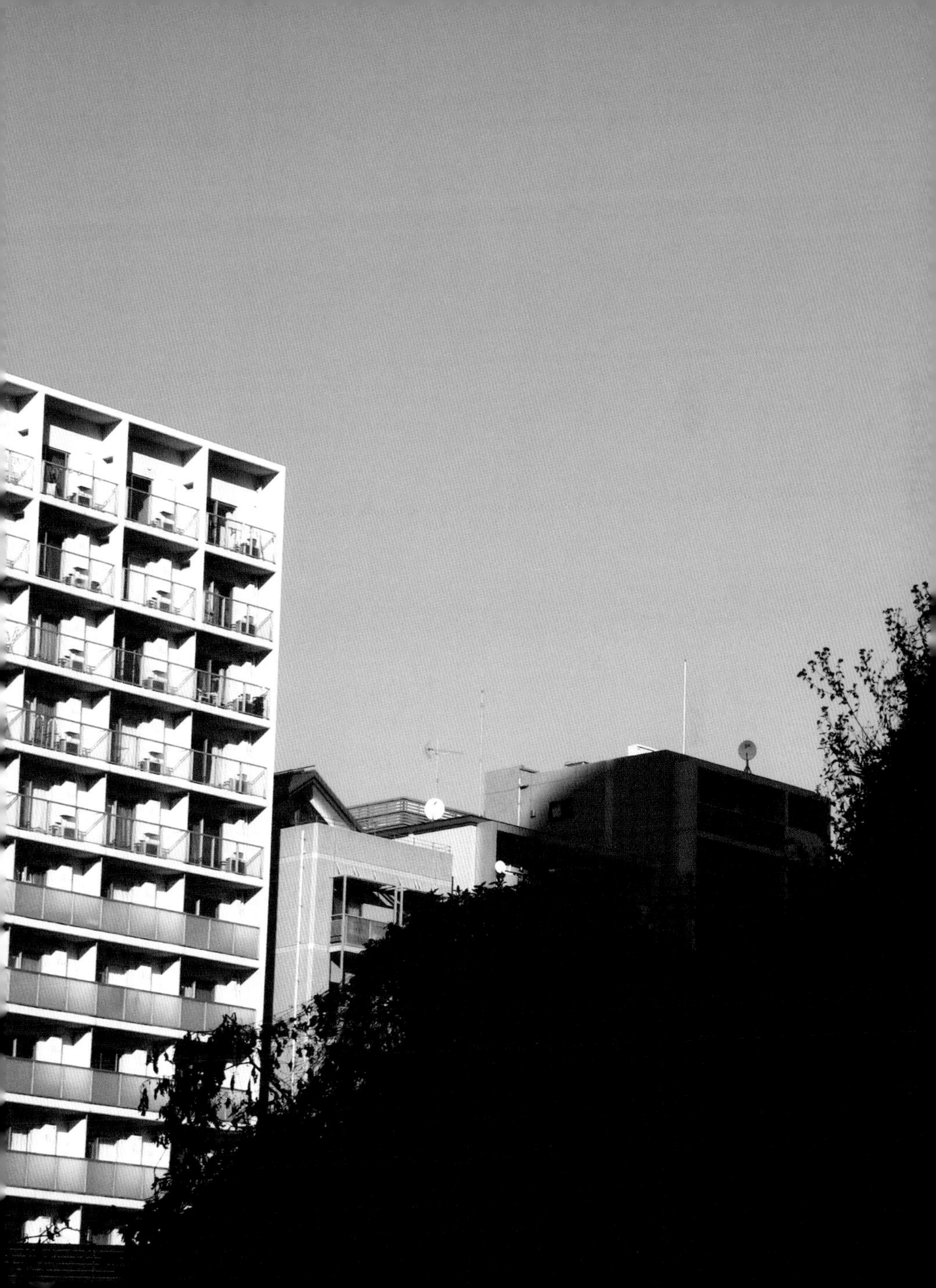

千駄ヶ谷 鳩森八幡神社富士塚

一度は登りたい、都内最古の富士もっこり

富士山を忠実に再現！

JR千駄ヶ谷駅から歩いて5分。新国立競技場へ向かう道の途中にある鳩森神社は、隣に「将棋会館」があり、巨大な将棋の駒を祀る「将棋堂」もあることから〈将棋の聖地〉と呼ばれている。

しかし本書では〈もっこりの聖地〉と呼びたい。由緒正しく美しい、東京最古の富士塚があるからだ。

まずはその凛とした佇まい。そして存在感。富士塚といえば、本殿の裏にひっそりとあるものだが、こちら本殿の前に堂々と鎮座している。こちらが主役と言わんばかりだ。

登山口前にはうやうやしくも大きな鳥居がある。登山道

場所　東京都渋谷区千駄ケ谷1丁目
かたち　富士塚
大きさ　高さ6m
概要　都内最古の富士塚。実際の富士山の名所が登山道に点在する
交通アクセス　JR総武線「千駄ヶ谷」駅より徒歩5分

の案内図は色とりどりに彩色され、まるで横尾忠則のアートのようだ。登山道の入り口には石橋があり、池に見立てた場所には季節の花が目を楽しませてくれる。

いざ登らん！

頂上までの道には、烏帽子岩や食行身禄像、亀石、須走り、金明水・銀明水、釈迦の破石、奥宮など、実際の富士巡礼スポットが再現してある。道も険しくて登り甲斐がある。高さは6メートルそこそこだが、達成感があるのは中身が濃いからだろう。

木々やビルに囲まれ、決して見晴らしは良いとは言えないが、都会のど真ん中で登山気分が味わえるなんてサイコー！　確かにこのもっこりはご利益がありそうだ。

解説

江戸時代の観光ガイドブック「江戸名所図会」によると、鳩森神社の縁起は、神の啓示により林の中から西に向かって飛び去った白鳩を見た村人が、小さな祠を建てたのが始まり。

貞観2（860）年には、慈覚大師（円仁）が関東巡錫の途中に、鳩森のご神体を求める村民の強い願いによって、神功皇后・応神天皇の像を作り添え、正八幡宮とし尊奉したと伝えられている。

富士塚の建造は寛政元（1789）とされ、円墳に土を盛り上げた構造で、溶岩は頂上近くにだけ配されている。

頂上に至る登山道は自然岩を用いた階段で、途中には御影石の里宮（浅間社）をはじ

め、7合目の身禄、烏帽子岩、釈迦の割れ石、そして山頂には奥宮を配置するなど富士巡礼スポットを再現している。

大正12（1923）年の関東大震災で被害を受けたが、後に修復され、構築当時の姿を良くとどめている。

都内に現存する最も古い富士塚で、都の有形民俗文化財にも指定。由緒の正しさでも、都内指折りのもっこりだ。

清瀬 中里富士塚

人々の暮らしと一体化するもっこり

珍しい赤土だけの富士塚

　住宅街のど真ん中にポツンと、いや、デーン！とある。すごい存在感。なにせ高さ9メートル。さらに高い木々に囲まれ、その一角だけちょっとした森である。

　そういうのが住宅街のど真ん中にあるのだから、地元の人にとっては随分と邪魔なのではないだろうか。夕方にはカラスも集まって来そうだし。夜は不良のたまり場になるかもしれない。日照の問題もあるだろう。

　だが、地元住民から嫌われていないことは、ゴミ一つ落ちていないことからもわかる。空気もいい。地元の人々に愛されていない場所は、空気がどんよりと淀んでいる。

しかし、こちらはすごく、カラッと明るいのだ。

もっこり学（そんな学問あるのか？）的なポイントは、富士塚のつくりである。普通は土山に溶岩をコーティング、あるいは溶岩そのものを積み重ねて作られるが、こちらは赤土を盛っただけ。

素朴でほっこりする。

正面につづら折りの登山道があり、修行というよりハイキング気分が味わえる。

頂上は広場になっている。落ちないよう鉄柵も完備され、石碑や石祠には真新しい紙垂（しで）が飾られている。お供え物のみかんも新鮮だ。日々お参りする人が絶えないのだろう。

毎年9月1日には、都の無形民俗文化財に指定されてい

場所　東京都清瀬市中里3丁目
かたち　富士塚
高さ　9m
概要　文政年間に構築。都の有形民俗文化財。毎年9月に「火の花祭り」を実施
交通アクセス　西武池袋線「清瀬」駅より徒歩22分、バス利用15分

る「火の花祭り」がとり行われる。

古（いにしえ）の伝統文化が息づき、地域と一体化するもっこりである。

解説

江戸時代から昭和にかけて、現在の東京都多摩地区から所沢市など埼玉県にも勢力を広げて活動していた富士講「丸嘉講武州田無組」。そのなかの一つ「中里講社」により文化文政年間に作られた富士塚だ。

一番大きな特徴は、溶岩を使っていないこと。土を盛り上げているだけなのは、内陸部なので重い溶岩を船で運べなかったからだとされる。

全高は約9メートル。北側の鳥居から登山道がつづら折

りに続く。

途中には一合目から九合目までを記した小さな石柱が配置されており、中腹には富士山五合目に祀られる小御嶽神社碑、そして山頂には文政8年につくられた石祠と大日如来を刻んだ石碑が立つ。

富士山の山開きに合わせて、登山やお祭りなど、昔ながらの行事が今も行われている。特に毎年9月1日に行われる「火の花祭り」（都指定無形民俗文化財）は有名だ。講の人達が富士塚で経文を唱えたあと、麦わらの山に火がつけられる。その火にあたり、灰を家に持ち帰って門口にまくと火災除けや魔除けになり、畑にまくと豊作になるという。

昔ながらの富士信仰が今もしっかりと息づいているのだ。

清瀬 浅間神社三角山

鬱蒼とした杜、実は人工的に作られた小山

三角というよりブロッコリー

清瀬市と東久留米市の境を流れる「野火止用水」。それに沿ってバス通りが走る。富士塚はその北側にある。

目の前にあるバス停の名は「三角山」。富士塚のことだろう。だが木々が生い茂り、こんもりとした様は、三角というよりもっこりとしたブロッコリーである。

あるいは木々を全部刈り取れば、シュッとした三角山になるのか。もふもふのプードルが、バリカンで毛を刈られると貧相な姿になるみたいで哀しい。ぜひ今のままで、「もっこり前」バス停に変更希望。

標高は推定6メートル。随分と大きいので、てっきり崖を切り崩して作った小山かと

場所　東京都清瀬市竹丘2丁目
かたち　富士塚
高さ　推定6m
概要　清瀬市と東久留米市との境を流れる野火止用水の北側にある富士塚
交通アクセス　西武池袋線「清瀬」駅より、「三角山」バス停徒歩1分

思いきや、実は人の手によって盛り土された築山を富士塚にしているのだそう。

鳥居をくぐると、すぐに急な階段が上まで続く。まるで胸突き八丁。本来は富士山の頂上付近の八丁（約872メートル）の急勾配のことを言うが、そんな気分だ。

中腹には数こそ少ないが古い富士講の石碑が残る。

頂上には比較的新しめの祠がある。平成13年の改修と記念碑に記されている。「浅間神社」と書かれた文字がなんとも味わい深い。

周りから完全に視界が遮られ、たむろするには格好の場所だが、中里の富士塚同様、ゴミひとつ落ちていない。この地域の人達は、よほど信心が深いとみた。

資料で昔の写真を見たが、周りには何もなく、田んぼにポツンと小山があるだけ。まさしく村のシンボルといった感じだ。

今は家や商店の中にまぎれてしまったが、心のシンボルとして人々の中に生き続けているに違いない。

解説

場所は清瀬市だが、立て札から、管理するのは「下里氏子会」だということがわかる。下里は「野火止用水」を挟んだ南側、東久留米市の地名だが、昔は同じ村だったのかもしれない。

前項の中里富士塚と同じように、岩山ではなく土を盛っ

ただけの人工の小山だ。築年数は不明だが、生い茂る木々の高さを考えると相当な年月が経っていると思われる。その伸び放題加減は、もはや原生林のようで、神聖さや威厳を漂わせる。

頂上に祠があるが、こちらは平成13年の改修とあるから最近だ。今も信仰が息づいている証拠である。

祭日は毎月1日と15日。5月1日には山開き、9月1日には火祭りが行われる。

市街地から離れ、しかも車で通りがかっても見過ごしやすい場所にあるが、ぜひ見つけたら登ってほしいもっこりである。

東葛西 香取神社 長島富士塚

こだわりの造形美光るラグジュアリもっこり

マットな質感が高級感満点

清瀬市の〝土〟の富士塚と違い、こちらは溶岩がふんだんに使われている。すぐそばに旧江戸川が流れており、富士山のふもとから溶岩を船で運んで来て、作ることが出来たからだろう。

ただし全部がそうではなく、山道などには自然の丸石や板石を使うなど、メリハリの効いたデザインにセンスを感じる。

どちらもマット感のある墨色で、それはまるでつや消し塗装をほどこしたメルセデスベンツGクラス、通称ゲレンデ。芸能人御用達の高級外車で、中でも〝つや消し〟は「タダモノじゃない」フンイキを漂わせる特別仕様だ。

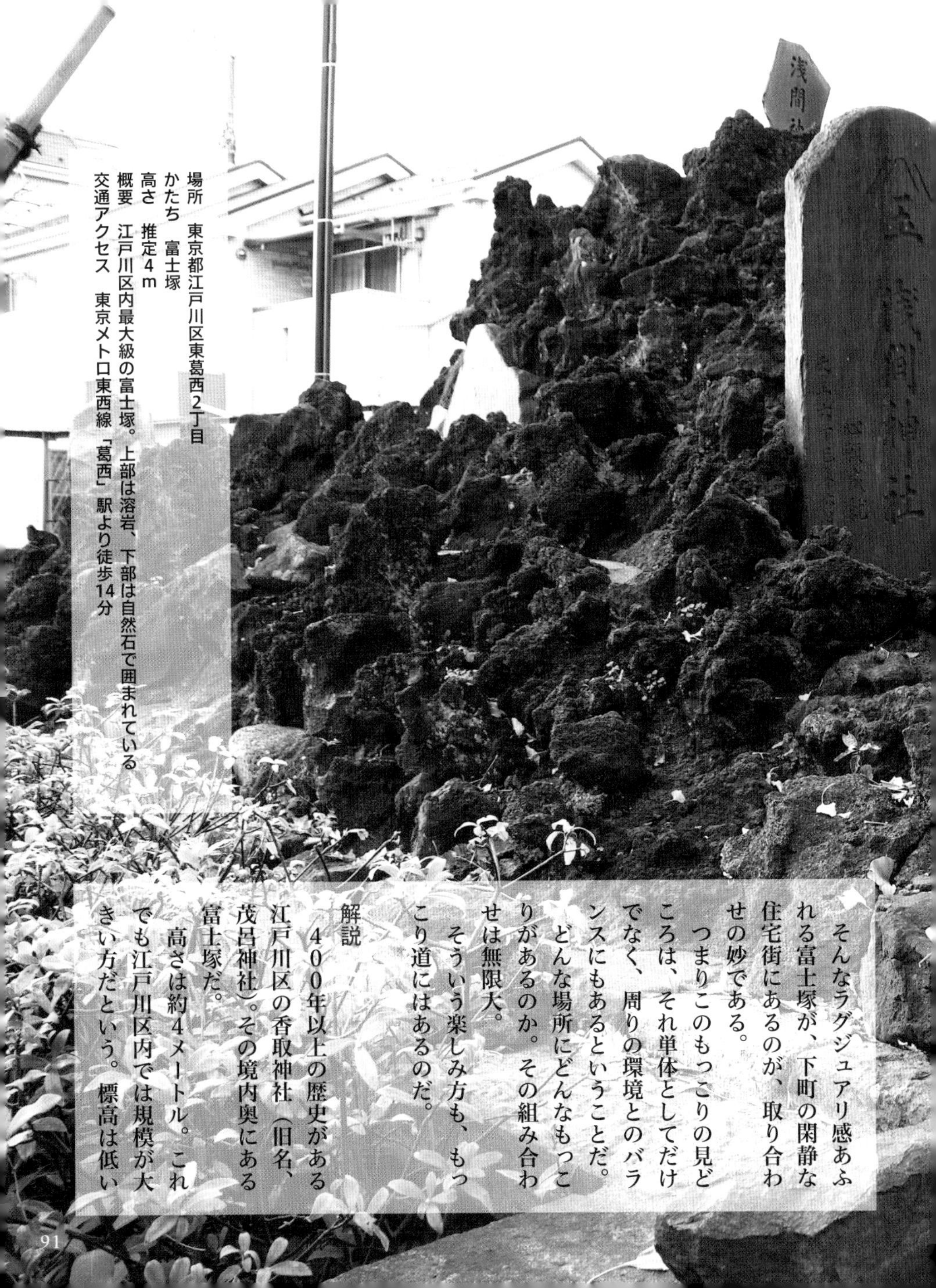

場所　東京都江戸川区東葛西2丁目
かたち　富士塚
高さ　推定4m
概要　江戸川区内最大級の富士塚。上部は溶岩、下部は自然石で囲まれている
交通アクセス　東京メトロ東西線「葛西」駅より徒歩14分

そんなラグジュアリ感あふれる富士塚が、下町の閑静な住宅街にあるのが、取り合わせの妙である。

つまりこのもっこりの見どころは、それ単体としてだけでなく、周りの環境とのバランスにもあるということだ。

どんな場所にどんなもっこりがあるのか。その組み合わせは無限大。

そういう楽しみ方も、もっこり道にはあるのだ。

解説

400年以上の歴史がある江戸川区の香取神社（旧名、茂呂神社）。その境内奥にある富士塚だ。

高さは約4メートル。これでも江戸川区内では規模が大きい方だという。標高は低い

が、溶岩と自然石を巧みに使い分けるなど、造形的なこだわりを感じさせる。中腹のあちこちに林立する大きな石碑も威厳ある佇まいを演出している。富士塚は高さじゃないと教えてくれる。

広い板状の石が階段状にしきつめられた登山道を登ると、頂上には「浅間神社」と刻まれた石碑がある。明治41年の銘が刻まれているが、現在の塚はもっと新しい。

なぜなら、塚の南側にある「御山築設の由来」に、この塚は明治41（1908）年に旧長島・桑川両村の山玉三拝講の人びとによって築かれたが、大正6（1917）年に長島・桑川・南新川・十五面などの有志によって改築されたと記されているからだ。

わずか9年でのリニューアル。一体どんな理由があったのだろう。それを想像してみるのも楽しい。
のどかな住宅街に荘厳な雰囲気を漂わせるもっこり。このギャップもまた味わい深いものがある。

東葛西 中割天祖神社 中割富士塚

インパクト絶大！迫力満点の怪獣もっこり

一度見たら忘れられない！

見た瞬間、思わず「カッコイイ！」と声が出た。

その過剰ともいえるゴツゴツ感。頂上の祠まで溶岩で覆われている。それが〝何かの顔〟のように見えてくる。

なんの顔だろう。

祠の扉は朱色で、垂れ下がるギザギザの紙垂（しで）が、まるで動物の牙みたいである。

頂上までの登山道は、潔いほどまっすぐだ。修行の場でもある富士塚は、普通は登りの苦労を演出するため、曲がりくねっているものだが、この富士塚は祠まで一直線。よっぽど気の短い人が作ったか、合理主義者か…。

さて、何に似てるのか。全体的にゴツゴツした体、

場所　東京都江戸川区東葛西7丁目
かたち　富士塚
高さ　推定4ｍ
概要　頂上まで一直線の登山道、祠まで溶岩に埋もれた形がユニーク
交通アクセス　東京メトロ「葛西」駅より11分

真っ赤な顔。口には牙が生えている。体の正面にはまっすぐ伸びた蛇腹のような模様。

最初に思い浮かんだのは「ピグモン」だ。ゴツゴツした体、赤い顔に白い牙がそれをイメージさせる。あるいはタテに大きく、お腹の蛇腹が「レッドキング」に見えなくもない。いずれにせよ、ウルトラマンに出てくる怪獣たち。つまりこの富士塚、「円谷プロ」ぽいといえる。

それにしても何故こんな富士塚を作ったのだろう。最初から意図して作られたのか、あるいは後から色々付け足すうちに、気づけばこんな形になってしまったのか。

想像が想像を呼んで飽きさせない。いずれにせよ、インパクトは本書随一だ。

解説

同じ東葛西の「長島の富士塚」から、車でわずか7分ほど。地域の氏神である「中割天祖神社」の境内にある。

中割天祖神社は、旧東宇喜田村中割の鎮守で、慶安2（1649）年に、天照大御神の分神を勧請したのが始まり。もとは「神明社」と呼ばれ、明治5年に現在の天祖神社に改称された。

区画整理に伴い、平成元年3月に東葛西九丁目五番地から、現在の場所に移転してきた。その時にこの富士塚も以前と変わらぬ姿で移設されたという。なるほど、長島の富士塚のような昔ながらの住宅街ではなく、大きなマンションや工場が点在する半住宅街・半工業地帯にあるのはそ

のせいか。社殿に比べ、敷地が妙に広いのもそれで合点がいく。工場跡か何かだろう。
なので、どことなく周りから浮いているような感じがするが、地元の方からは〝子育ての神様〟として、崇められているそうだ。訪ねた時も若い女性が熱心に参拝していたのが印象的だった。

南砂 富賀岡八幡宮 砂町富士塚

一切合切盛り込んだオールインワンもっこり

願いをすべてかなえる富士塚

まるであらゆる機能を盛り込んだ、オールインワンパソコンだ。

それは小さいころ、〝ガンプラ〟を作っていて、あれもこれもと武器や盾を取り付けているうちに、装備がてんこ盛りになってしまったのに似ている。でもそれは、自分の「欲望」のすべてを盛り込んだ、この世に二つとない夢のガンプラ……。

この富士塚にも、願望がすべて盛り込まれているように見える。その願望とは言うまでもない、「富士山に登りたい」、そのことである。

そもそも富士塚は、本物の富士山に登れない人が、代わりに登ってご利益を得るため

に作られたとされる。だから、実際の富士巡礼コースを再現したものが多いが、ここまで盛りだくさんなのは、それほど多くない。

例えば登山口。この富士塚には「吉田口」が正面に、「大宮口」（現在の富士宮口登山道）が背面に、「須走口」が右側面にある。中腹を真横に周回する「中道巡り」用の道も途中までだが作られている。

塚の右側面には、富士山の側火山である「宝永山」がプチもっこりとある。左側面には「胎内」と呼ばれる横穴も。そして頂上の「浅間嶽大日如来碑」は富士山の方角に据え置かれている。

確かに登ったら、一度に色々なことが叶いそう。お得感たっぷりのもっこりである。

場所　東京都江東区南砂7丁目
かたち　富士塚
高さ　10ｍ
概要　溶岩式の富士塚。複数の登山口や洞窟がある。砂村の富士塚とも
交通アクセス　東京メトロ「南砂町」駅から徒歩10分

解説

かつて砂村新田と呼ばれた干拓地に、天平勝宝元（749）年、創設されたのが「富賀岡八幡宮」。後に八幡像を深川へ移してできたのが門前仲町の富岡八幡宮だ。

この富士塚は、江戸時代末の天保4（1833）年までに、富士講の一つ「山吉講」によって作られたという。

工場や倉庫ばかりの場所に富士塚があるのを最初は不思議に思ったが、江戸時代は風光明媚な場所として、江戸名所図会や名所江戸百景にも描かれたという。元々は現在地から30メートルほど北にあり、ただの土を盛った山だったが、昭和8（1933）年に水害で崩れたため、溶岩（伊豆産）で補強。そして昭和37

（1962）年に現地に移された。

今も毎年7月1日に〝山開き〟が行われる。富士塚をぐるり取り囲むたくさんの富士講の碑が、地元民の熱心な信仰心を物語っている。

ちなみに看板には〈落石あり、山え（ママ）登らないこと〉とあるのでご注意を。

門前仲町 富岡八幡宮 富士塚

江戸っ子の意気を感じる、こじんまりもっこり

ある日消えた大もっこり

富岡八幡宮は、東京ではかなりメジャーな神社だ。通称「深川八幡宮」。8月には江戸三大祭の一つ「深川祭」が行われ、特に3年に1度の本祭りは50基もの神輿が繰り出し、身動きできないほどの大混雑となる。

そんなメジャー神社の富士塚というから、どれだけ立派なものかと思いきや……え～っと、あれ？と思うほど小さい。高さは1メートルぐらい。てっぺんには不釣り合いなほど大きな祠。それを合わせて、ようやく2メートルを超すくらいである。

場所も本殿の裏の片隅のさらに奥、末社と並んでひっそりと。わざわざ探しに行って

場所　東京都江東区富岡1丁目
かたち　円錐形
高さ　推定2・5m（祠含む）
概要　富岡八幡宮の境内にある。以前は10mあったが取り壊され、後に再建された
交通アクセス＝東京メトロ「門前仲町」駅徒歩3分

なかなか見つけられなかったのだから、通りすがりに気づくことはまずないだろう。

これには深い訳がある。かつては高さ10メートルの立派な富士塚があり、人々からは「お富士さん」と呼ばれ親しまれていたのだが、取り壊されてしまい、残った一部が、今の場所に再建されたのである。改めて見ると、使われている溶岩もけっこう古いし、祠にも年季が入っている。存在感は中々のものだ。現在は「新富士」と呼ばれているそう。

小ぶりながら、なだらかなシルエットは富士山そっくり。「せめて形だけでも」と、こだわったのかもしれない。これも江戸っ子の意気ってやつだろう。

解説

富岡八幡宮には見どころが多い。まず正面の鳥居の脇に、日本の地図の祖・伊能忠敬の銅像。深川に居を構え、測量旅の出発前には必ず八幡様をお参りしたという。

本殿右脇の奥には「横綱力士碑」がある。同地が江戸勧進相撲発祥の地だからで、初代明石志賀之助を始めとする歴代横綱の名が刻まれている。

そんな見どころ満載の神社にあって、この富士塚は控えめである。本殿を正面にみて左奥の隅。大鳥神社、鹿島神社、恵比寿社、大国主社、金毘羅社など末社の陰に、ひっそりと佇んでいる。

かつては10メートルもの大

きさを誇っていたという。マンションなら4階に届こうという高さだ。初詣でや山開きの際は大いに賑わい、頂上からは本物の富士山も拝めたという。現存すれば文句なしで都内最大級だ。築かれたのは享保7～8年ごろというから300年以上前の話。歴史的にも横綱級だ。

しかし諸事情で取り壊されたのは昭和39年。その一部が現在の場所に再建されたのは平成になってからだそうだ。

こじんまりとしながらも、本物の富士山に似せたフォルムは箱庭的な美しさがある。以前の石碑の数々も、塚の脇に陳列されている。

姿は変われど魂変わらず。味わい深い富士塚である。

湊 鉄砲洲稲荷神社
鉄砲洲富士

富士塚界随一の細マッチョもっこり

平成の大改修でスリムに

歴史好きのバイブル「鬼平犯科帳」に次の描写がある。

〝池田又四郎は、京橋川に沿った道を何処までも東へ進む。その京橋川が江戸湾にながれ入ろうとする手前に、稲荷橋が架かっている。橋をわたった右手に、湊稲荷の社がある〟

〝湊稲荷〟とは現在の「鉄砲洲稲荷神社」のこと。その南側にある「鉄砲洲児童公園」の辺りに、鬼平こと長谷川平蔵が5歳から19歳まで暮らした家があったという。

そんな由緒ある鉄砲洲稲荷の富士塚は、「鉄砲洲富士」と呼ばれている。江戸時代の名所ガイド「江戸名所図会」にも描かれたメジャーな富士塚

ご注意
危険ですから富士山に
登らないでくだ

場所　東京都中央区湊1丁目
かたち　富士塚
高さ　推定5m
概要　名所図会にも描かれた江戸時代の絶景スポット
交通アクセス　東京メトロ「八丁堀」駅より徒歩4分

だ。当時は海に面したシーサイドビュー。頂上からはリアル富士が見えたそう。今でいう絶景スポットだ。

今はぐるりとビルに囲まれてしまったが、その姿は威風堂々として立派。溶岩でがっちり固められた体はひきしまった細マッチョだ。

実は平成に行われた大改修で、少しスリムになったのだそう。となると以前は太マッチョ？　ダイエット成功ってやつか。

ぜひとも登ってみたいが、〝登山禁止〟の立て札が。足場も狭そうである。

しかし周りには改修工事で作られた立派な遊歩道がある。少し離れて、その〝肉体美〟を鑑賞するのも乙だ。

解説

江戸時代初期の寛永元（1624）年に遷座し、明治元年に稲荷橋の袂から約150メートル南の現在地に移転された鉄砲洲稲荷神社。鉄砲洲の名の由来は〈砂洲が細長く鉄砲の形をしていた〉〈大砲の試射をした場所〉など諸説ある。

　当時、鉄砲洲の港には各地から集まってきた廻船が入港し、大いに賑わったという。この鉄砲洲稲荷は、船乗りたちの守り神として信仰を集めたそうだ。

　海に面して立つ富士塚の姿は、有名な「江戸名所図会」にも描かれている。そこに描かれている人間の大きさからすると、ゆうに20～30メートルはありそうだが、さすがに

そこまではなかっただろう。しかしそれくらい目立つ存在だったのではないか。

登り口にはこの富士塚を作った「丸藤鉄砲洲講」の石碑が。本体の脇にはぽっかりと大きな口を開ける胎内窟。頂上部分には浅間神社を祀る祠がある。

改修されてはいるが、江戸時代の富士信仰の雰囲気を今に残す、貴重な富士塚だ。

西新宿 成子天神社 成子富士

ビルの谷間にそびえたつバベルの塔もっこり

近未来もっこりからの眺めは？

近未来の東京を描いたアニメ映画「ＡＫＩＲＡ」に、この富士塚が描かれていた気がしたのだが、勘違いだった。しかし描かれていても違和感がないほど、このもっこりの存在感はすごい。

そもそも、こんな都会のど真ん中に、こんなに大きくて、立派な神社があることに驚く。由来書によると千百年も前から菅原道真を祀っているそうだ。平成26年に大規模な改築。柱の鮮やかな朱色が新しさを感じさせる。

神輿庫もモダンな造りだ。大きな窓ガラス越しに中の神輿を常に見ることができる。つまりショーウィンドウ。

楼門の風神雷神も真新し

場所　東京都新宿区西新宿8丁目
かたち　富士塚（土山・溶岩）
高さ　約12ｍ
概要　都心のビル街にある、都内最大級の富士塚
交通アクセス　東京メトロ丸ノ内線「西新宿」駅より徒歩2分

い。なので大きなフィギュアのように見えなくもないが、年月を重ねるごとに風格や威厳が出るのだろう。

そんな成子神社の左手奥にあるのがこの富士塚、通称「成子富士」である。とにかく、デカイ！　12メートル？　もっとあるような気がする。回りを無機質なマンションが取り囲んでいるのが、いかにもSFっぽい。現代版バベルの塔とも表現したくなる。

登山道は険しく、高さもあるから、登りがいがある。高所恐怖症の人はダメかもしれない、と思うほどだ。

頂上にたどり着くと、そこは360度の大パノラマ。見えるのはビルばかりだが、東京ならではの絶景と言える。

解説

成子天神社のある辺りは、「柏木村鳴子」と呼ばれ、天照大御神をまつる大神宮が祀られていた。

しかし、平安時代の延喜3（903）年、九州の太宰府で亡くなった菅原道真の像を、佐伯と斎宮の2人の家臣が持ち帰り、改めて祀ったのがこの神社の始まりだ。

その後、徳川三代将軍家光の時代に乳母春日局の勧請で天満天神社として社殿を造営。戦災で焼失するも昭和41年に再建し、平成26年に改めて造営された。

この巨大な富士塚は、大正9（1920）年に、境内にあった天神山という小山に富

士山の溶岩をかぶせて築かれたものだ。実は結構新しく、新宿区〝最後〟の富士塚とされている。

　高さは約12メートル。これは都内最大級だ。塚の北側には浅間神社の小祠があり、その脇には富士山や浅間神社の祭神である木花咲耶姫命（コノハナサクヤヒメノミコト）の立派な石像が立つ。

　地元の柏木・角筈地域（現在の北新宿・西新宿）の住民を中心に組織された丸藤成子講が奉納し、祀っていたが、現在は活動していないという。その代わり〈パワースポット〉として、日本全国から参拝者や登山者が後を絶たないそうだ。

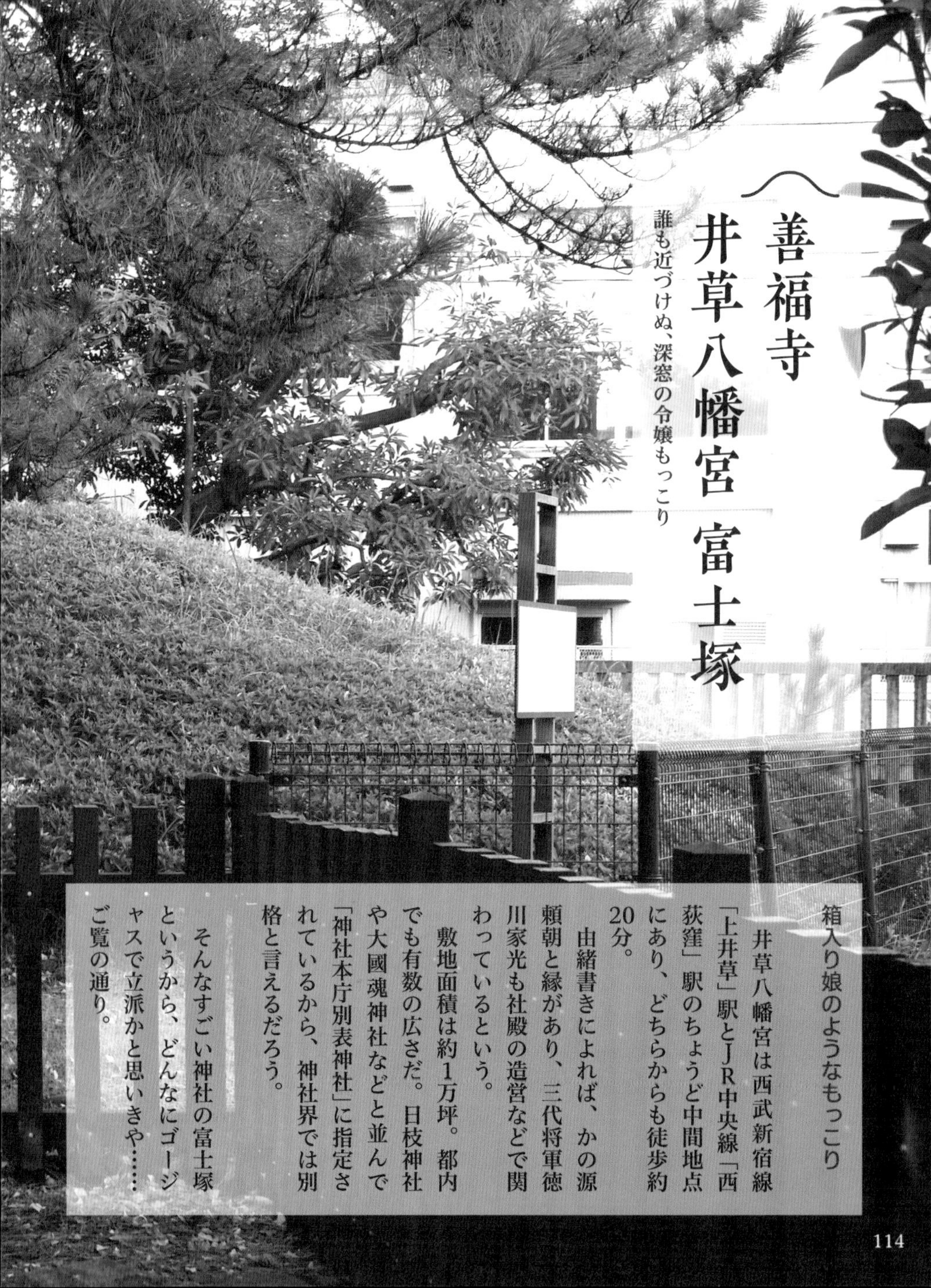

善福寺 井草八幡宮 富士塚

誰も近づけぬ、深窓の令嬢もっこり

箱入り娘のようなもっこり

井草八幡宮は西武新宿線「上井草」駅とJR中央線「西荻窪」駅のちょうど中間地点にあり、どちらからも徒歩約20分。

由緒書きによれば、かの源頼朝と縁があり、三代将軍徳川家光も社殿の造営などで関わっているという。

敷地面積は約1万坪。都内でも有数の広さだ。日枝神社や大國魂神社などと並んで「神社本庁別表神社」に指定されているから、神社界では別格と言えるだろう。

そんなすごい神社の富士塚というから、どんなにゴージャスで立派かと思いきや……ご覧の通り。

場所　東京都杉並区善福寺1丁目
かたち　富士塚
高さ　推定3ｍ
概要　都内でも有数の広さを誇る神社に佇むミニ富士塚。柵で囲まれている
交通アクセス　西武新宿線「上井草」駅／ＪＲ中央線「西荻窪」駅より徒歩20分

境内の奥の、駐車場の片隅の、さらに鳥居と小祠の向こう側に、ポツンと小さくもっこりしている。

なんとも奥ゆかしい。石柱の柵でしっかりと囲われている様は、大事に育てられた箱入り娘のよう。あるいは深窓の令嬢。一面を草で覆われ、ツルッと丸っこい形から、他の富士塚と比べ繊細さを感じてしまう。

ちなみにこの富士塚、かつては本殿の西南側にあったが移転されて来たのだという。どんな理由かは分からないが、生き馬の目を抜く東京で、よくぞ残っていてくれた。

そして君と出会えたことに感謝！　そんな気分にさせてくれる、もっこりである。

解説

井草八幡宮は西に善福寺池、そしてその池を源流とする善福寺川を南に望む場所に鎮座している。水が豊かな土地だったため、かなり昔から人々が暮らしており、境内やその周辺地域から、縄文時代の住居跡や土器等が多数発見されている。

創建当時は春日社を祀っていたが、源頼朝が奥州征伐の際に戦勝祈願で立ち寄ったことから、源氏が信仰する八幡神を祀るようになった。八幡神は武神であるため、後に太田道灌も戦勝祈願したという。

江戸時代には、三代将軍徳川家光が、社殿の造営と六石余の朱印領の給付を行った。

都内有数の広さ（約一万坪）を誇り、現在は神社本庁別表神社に指定されている。
富士塚は境内の北端の駐車場の片隅にぽつんとある。手前には鳥居と浅間神社の小祠。ぐるり石柱柵で囲まれている。
草に覆われ、その実態は見えにくいが、土の小山で、裾野の方に丸石が配されている。塚の前にある浅間神社の正面から、ちょうど西方向に富士山が位置する。
そもそもは文化10（1813）年以前から本殿の西南側にあったとされるが、昭和50年に現在の場所に移築されたという。

大泉 八坂神社 中里富士

美しく自由なLOVE&PEACEもっこり

これぞ理想のもっこり

光が丘公園、自衛隊朝霞駐屯地、大泉ジャンクション、それらのちょうど中間地点にこの富士塚はある。

荒川支流「白子川」の河畔。肥沃な土地には農作物が実り、多くの人々が昔から集い暮らしていたと思われる。人暮らすところに神社あり。そこに富士塚が出来たのも自然の成り行きだ。

それにしても高さ12メートル、直径30メートルはかなり大きい。中腹の木々もきれいに刈り込まれ、盆栽のようだ。こんなに立派で美しいもっこりは滅多にない。

特筆すべきは南の鳥居越しの眺め。鳥居を額縁として見ると、日本画のようである。

場所　東京都練馬区大泉町1丁目
かたち　富士塚
大きさ　高さ約12m、直径約30m
概要　江戸時代の作とされる富士塚。高さ、直径（30m）は都内最大級
交通アクセス　JR・東京メトロ「成増」駅よりバス「和光市南」下車徒歩8分

ああ、本当に美しい。

一方で、登山道は険しい。一合目、二合目…と「合目石」に沿って歩いていくと、本当に山に登っている気分になる。

しかし、いざ登頂すると、目の前には民家の窓。実はこの富士塚、土手の斜面に作られているため、頂上が土手上の民家の2階と同じ高さにあるのだ。もし窓辺に人がいたら「こんにちは」と挨拶したくなるほど近い。しかし頂上はかなり広く、開放的なので、人目を気にしつつピクニックしたくなる。

正面を向けば、はるか彼方まで広がる住宅街。しばしボーッと一休み……。

下山すると富士塚の脇に、ブランコやすべり台などの遊具が置かれているのに気づい

た。看板から「中里富士あそび場」という名だと分かる。さらには〈富士山をきれいにしましょう〉の注意書き。ほのぼのするなあ。

見て美しく、登って楽しい。本来富士塚は修行の場だが、こんなにも愛と平和を感じさせる富士塚があったとは。ちょっと感動である。

解説

「八坂神社」は旧橋戸村の鎮守で、祭神はスサノオノミコト。いつ頃か定かではないが、京都の八坂神社（祇園社）の分霊を勧請し、創建されたという。祇園社の守護神は牛頭天王。この辺りの字を「中里」と言ったことから〈中里の天王様〉と呼ばれ、親しまれてきた。

　その境内にある「中里富士」は、高さ約12メートル、直径約30メートル。土手の斜面に沿って作られており、回りの土地と一体化しているのであまり大きく感じられないが、区内最大規模である。

　明治初期に作られたとされるが、文政5（１８２２）年の石碑があることから、その頃から原形のようなものがあったのではないかと言われている。

　頂上までの道すがらにも様々な石碑がある。その数36基とか。富士講の記念碑や道祖神、和歌の句のような文字碑、猿の画碑など、どれも古びて味わいがある。

　山開きは8月1日。氏子を中心に草刈りなども行われるそうだ。

品川 品川神社 品川富士

都内で一、二を争う絶景もっこり

赤い電車と宿場町の風景

本体の高さは約5メートル。しかし小高い丘の上にあるので、地表からだと比高は約15メートル。体感的には都内最高峰だ。

品川神社は、約800年前に源頼朝が創建した由緒正しい神社。その境内にある富士塚は当初明治2年に築かれたが、明治政府の神仏分離政策でたちまち破壊され、明治5年に再建されたという。波乱万丈なもっこりなのである。

登山道の入り口は参道階段の途中にある。小さな鳥居をくぐるとすぐ「一合目」と刻まれた合目石。二合目の手前で前鬼後鬼を従えた役行者が出迎える。

五合目で少し道が平坦にな

場所　東京都品川区北品川3丁目
かたち　富士塚
高さ　約5m
概要　江戸七富士に数えられる東京有数の富士塚。地表からの比高は15m以上
交通アクセス　京急「新馬場」駅より徒歩2分

るが、六合目から再び急に。ただし転落防止の鎖が完備されているので安心だ。

そして頂上へ。ほんの数分の登山だが、達成感はある。そしてその眺めは……最高だ!!

すこし見下ろす形の京急線高架ホームに、赤い電車がガタンゴトンとリズミカルな音をたてて滑り込んでくる。その向こうには旧東海道の北品川宿。

古さと新しさが織り混ざった、東京ならではの風景。これは、このもっこりに登らないと見られない。

帰りは五合目から裏手に回り、浅間神社をお参りしてゆこう。神社の脇には「ぶじかえる」にかけたカエルの置物が、ユーモラスに佇んでいる。

これまで何人もの旅人が、ここから旅立っていったのだろう。

よく晴れた日に訪ねてほしい東京の名もっこりだ。

解説

「品川神社」の富士塚は、俗に「品川富士」と呼ばれている。

明治2（1869）年に北品川丸嘉講社の講中300人余りによって築造されたが、神仏分離政策で破壊。しかし明治5（1872）年に再築され、大正11（1922）年、第一京浜建設をきっかけにこの地に移築された。

富士塚は残っていても、それを信仰する「富士講」はもう多くは存在しない。しかしこちらの品川富士は、北品川

宿の富士講「品川丸嘉講社」の人たちによって、今も守り継がれている。

毎年7月1日に近い日曜日には、富士塚のふもとの浅間神社に講員一同白装束で集まり、裸足で富士塚に登る。8月には実際の富士登山も行われるそうだ。

それらの行事は品川区の無形民俗文化財に、富士塚は品川区の有形民俗文化財に指定されている。富士山信仰の伝統を今に色濃く伝える貴重な場所だ。

おわりに

晴れた日に、もっこりを探して街を歩こう。
遠くに行けないのなら、近くのもっこりを探してみよう。

気づかなかった景色に、きっと気づくはず。
ずっとそこにあったのに、見えなかった景色。

でももう、今は違う。
貴方が気づいてくれたから。

それに気づいた貴方も、昨日までとは違う。
他人には分からないけど、きっと違う。

そんな大切なことを教えてくれる「もっこり散歩」。
こんど晴れた日に、出かけてみませんか？

2020年6月
いからしひろき

Mokkori in Tokyo

参考文献

「東京の古墳を歩く」（大塚初重監修／祥伝社）

「東京『消えた山』発掘散歩」（川副秀樹著／言視舎）

「大江戸のお富士さん」（東京神社庁他監修／東京神社庁他）

写真 芳澤ルミ子（よしざわ・るみこ）

酒に目がない自他共に認める酩酊カメラマン。著書「にゃんたま」「開運酒場」（自由国民社）「ネコの裏側」（辰巳出版）など。

文 いからしひろき

フリーライター。「おとなの週末」「日刊ゲンダイ」ほか多数の媒体で執筆。特に旅と酒場取材が得意。著書「開運酒場」（自由国民社）。

街中のふくらみを愉しむ

東京《とうきょう》もっこり散歩《さんぽ》

二〇二〇年（令和二年）九月二十六日　初版第一刷発行

文　いからしひろき

写　真　芳澤ルミ子

発行者　伊藤滋

発行所　株式会社自由国民社

東京都豊島区高田三‐一〇‐一一　〒一七一‐〇〇三三

電話〇三‐六二三三‐〇七八一（代表）

造　本　JK

印刷所　株式会社光邦

製本所　加藤製本株式会社